HISTORIQUE

DU

PREMIER BATAILLON DES MOBILES DE TARN-ET-GARONNE

PAR LE COMMANDANT

ANCIEN OFFICIER DE CAVALERIE

1870 — 1871

MONTAUBAN

IMPRIMERIE BERTUOT

9, PLACE NATIONALE, 9

1873

Chers mobiles,

Ces quelques pages de souvenir vous appartiennent. Celui qui eut l'honneur de vous commander pendant la si douloureuse campagne de 1870-71, vous les dédie comme un témoignage de sa reconnaissance. N'a-t-il pas toujours trouvé en vous, en échange de la sollicitude avec laquelle il a constamment cherché à vous amoindrir les dures épreuves que vous avez eues à subir, respect, confiance et soumission.

Ce n'est pas l'histoire de vos lauriers que je puis donner ici, les hasards de la guerre ne vous laissèrent pas franchir la limite du champ où vous en auriez fait, on le sait, une ample moisson ; mais je veux dire à tous votre ardeur au devoir, votre courage et vos souffrances si héroïquement supportées.

Aussi, braves enfants, la distinction honorifique dont se pare ma poitrine. m'est d'autant plus glorieuse et chère à porter, que je la considère comme acquise au premier bataillon de mobiles de Tarn-et-Garonne. Vous eûtes le mérite, à vous l'honneur et ce précieux gage de votre valeur dont je suis l'heureux détenteur me lie à vous à tout jamais.

Vte DE LAYROLLES.

AVANT-PROPOS

La loi militaire du 1er février 1868 avait créé, comme réserve de l'armée active, le corps de la garde-nationale mobile.

Je ne viens pas donner ici mon appréciation, sur le plus ou moins de valeur de cette organisation qui a vécu ; une récente loi, la taxant d'insuffisante, venant de la rejeter dans les arrières rayons des archives militaires, où elle n'aura plus désormais d'intérêt que comme document archéologique.

Je veux seulement exprimer quelques regrets sur la dissolution de ce corps, dont j'ai eu l'honneur de faire partie, et le défendre contre les attaques qu'il a eues à subir de la part de l'ignorance, de la jalousie, et d'une faction politique à laquelle son désir de renverser ce qui parmi nous est encore noble et généreux enlève tout sentiment de justice.

Ce ne sont pas les vices d'organisation que la mise en pratique de la loi de 1868 auraient pu faire découvrir, qui en ont déterminé l'abrogation ; mais, soyons francs, le besoin de trouver une excuse aux glorieuses, mais désastreuses défaites subies par notre armée pendant cette dernière guerre. Tout esprit impartial et compétent, a pu être frappé, des immenses ressources qu'elle présentait et qui auraient donné des résultats bien différents pour la prospérité, l'honneur et la gloire de notre chère France, si cette providentielle conception du maréchal Niel, n'eut été combattue dès sa promulgation, dans de criminelles intentions.

La garde mobile, que les évènements firent sortir si précipitamment des paperasses des subdivisions, où elle n'existait encore qu'à l'état de notes, fut jetée ignorante, nue et désarmée au devant d'un ennemi aguerri et déjà victorieux Née, organisée, entretenue dans des conditions impossibles de service et de vie, elle aurait dû échapper à toute critique jusqu'à la deuxième épreuve, celle de la revendication, à laquelle elle aspirait déjà avec la fiévreuse impatience qui dévore son aînée l'armée active, et qui eût été pour elle, on peut l'affirmer, une éclatante attestation de sa force morale et physique.

Ce que l'on ne comprit pas, c'est combien ces corps, dont la composition était si riche par les aptitudes diverses qui les composaient, auraient pu être d'un puissant secours, si, exercés, vêtus et armés à temps, on les eut, à l'heure propice, fondus dans la vieille armée, à laquelle ils auraient communiqué une jeune et féconde sève d'enthousiasme et de patriotisme, et dont ils auraient pris en échange, ce précieux esprit de discipline, sans lequel le nombre et la volonté restent impuissants.

Mais la garde mobile debout, la vieille armée n'était plus. La France n'eut alors pour la venger et la sauver qu'une armée née de la veille et qu'elle laissa mourir le lendemain.

Les avez-vous suivis ces pauvres bataillons jetés à l'aventure quelques jours après leur mobilisation, manquant de tout, de solidité, de cohésion ; manquant de cet esprit militaire qui inocule le courage par l'exemple, et la puissance de l'obéissance passive ; et que le patriotisme le plus exalté ne remplacera jamais, parce qu'il ne suffit pas aux prises avec l'ennemi de combattre et de savoir mourir, mais qu'il faut surtout savoir vaincre.

Malgré toutes ces causes d'infériorioté, de nombreux bataillons ne furent rien moins qu'héroïques, soit au feu, soit en face des misères sans nombre qu'ils ont souffertes, et pour lesquelles ils étaient si peu préparés. Si le premier bataillon de Tarn-et-Garonne n'a pas reçu la consécration de sa valeur, par le baptême du feu après lequel il a toujours couru, les souffrances qu'il a si courageusement supportées jusqu'à son licenciement, lui sont une gloire qui a dignement couronné ses efforts.

Honneur donc à cette brave et vaillante jeunesse dont ces corps auxiliaires étaient composés ; si quelques-uns ont eu leur page militaire ternie par des défaillances, on peut invoquer en leur faveur des circonstances atténuantes, qui en rejettent toute la responsabilité sur ces administrateurs improvisés de la veille, qui acceptèrent la mission de les organiser avec la conscience de leur insuffisance et s'en acquittèrent avec une lenteur, une indifférence coupables.

Arrière, arrière pessimistes écœurants, qui malgré les mille traits du plus sublime héroïsme fournis par notre jeune France pendant cette dernière guerre, l'accusent d'être en pleine dégénérescence, et crient a tous les échos que les mots *honneur* et *patrie* ne vibrent plus à son cœur.

A ces trembleurs, je dirai hardiment : vous vous trompez. Lorsque notre chère patrie tomba désarmée aux pieds de son plus implacable ennemi, ce ne fut pas le cœur qui faillit à ses fils pour voler à son aide ; ce qui leur fit défaut, ce fut la sollicitude d'une administration prévoyante, maternelle qui les mit et les maintint en état de vaincre et un Lesdiguières, un Turenne ou un Napoléon pour les conduire à la victoire.

N'étaient ils pas français, ces chefs de famille, ces jeunes hommes, ces enfants, qui, indépendants, hors d'âge, s'élancèrent si vaillamment au premier appel du clairon et abandonnèrent, non sans regrets, mais sans hésiter, leur foyer, leurs enfants, leur fortune?

N'étaient ils pas français, ces fonctionnaires de tout grade ; ces magistrats se levant de leur siége et déposant la toge pour endosser la vareuse de franc-tireur ; ces religieux quittant la paix des sanctuaires pour saisir le brancard de l'infirmier ; ces artistes, ces commerçants, ces ouvriers, ces paysans abandonnant aussi leur position si péniblement acquise, leur industrie si laborieusement créée leurs ateliers, leurs champs ; laissant peut-être derrière eux la faim, le désespoir, ou la ruine?

Aux premiers cris de la France blessée, tous ces sacrifices, toutes ces vies s'offrirent en holocauste : l'armée active, la mobile, les corps francs regorgèrent de ces dévouements spontanément offerts. Non, un pays dont la fibre nationale vibre encore si généreusement, n'en est pas à sa période de décadence.

Silence donc, âmes pusillanimes qui n'avez de ressort que pour la critique ou le désespoir.

Silence détracteurs intéressés, qui trouvâtes sans doute alors dans la limite d'âge ou de position fixée par les ordonnances, la limite aussi de votre dévouement ; et ne sûtes non plus qu'aux appels faits par la patrie en danger, tous les âges peuvent être utilisés, parce que c'est du cœur surtout qu'il faut en ces heures suprêmes et que le cœur ne vieillit pas dans les poitrines qui en ont été doté ; qui, douillettement emmaillotés au coin d'un bon feu, ou assis à une table où le nécessaire ne manqua jamais, eûtes l'impudeur, dans nos jours de souffrance, de discuter la valeur personnelle de ceux qui souffraient alors du froid, de la fatigue et de la faim, et que les balles ennemis étaient, peut-être à votre désir, bien lentes à frapper. Guerriers en chambre, outranciers qui ne demandiez que combats et sacrifices, vous espériez sans doute, que le sublime abandon que vous faisiez si facilement de vos concitoyens, opérerait un heureux retour de la fotrune, et qu'elle vous doterait, vous, survivant, de la gloire et de l'honneur reconquis.

Rêve égoïste, insensé et fratricide, à la réalisation duquel la providence s'est heureusement opposée. Votre attente déçue vous vous exhalâtes alors en calomnies stupides sur le compte de ceux qui s'étaient si généreusement dévoués et que la mort avait épargnés, espérant par là amoindrir leur mérite dont la comparaison vous écrasait. Mais en dépit de votre malveillance si gratuite, justice pleine et entière fut bientôt rendue à tous ; et le temps, en dévoilant vos mensonges, a fait litière de ces sottises, dont la provenance seule en est restée salie.

En traçant l'historique du 1er bataillon de mobiles de Tarn-et-Garonne que j'ai eu l'honneur de commander, je n'ai fait aucune mention des opérations générales exécutées par les divers corps d'armée dont il a fait partie ; c'eut été un trop grand cadre pour une miniature. Toujours avec mon bataillon, ne m'étant occupé que de lui, de lui seul il sera question. Quelques notes photographiquement exactes sont jointes à ce rapport, qui fût adressé le 1er novembre 1871 à son Excellence le Ministre de la guerre, et dont les pages qui suivent sont la reproduction textuelle.

Rédigé au courant de la plume et du souvenir, ce petit travail, plein de redites et d'imperfections de langage n'a qu'un seul mérite, celui d'être vrai, scrupuleusement vrai. Si j'ai pu consentir à lui laisser subir l'épreuve de l'impression surtout à une heure ou le manque d'actualité lui enlève le peu d'intérêt qu'il en eut acquis, c'est que j'ai cru ne pouvoir m'opposer au désir qui m'en a été exprimé, par un grand nombre de mes anciens camarades, revendiquant avec raison comme leurs, les faits (1), les mentions, les éloges que relatait mon manuscrit et qui dès lors devait être ouvert à tous. J'accédai d'autant plus volontiers que je trouvais là une heureuse occasion de dire tout le bien que j'ai pensé et penserai toujours des braves mobiles de l'arrondissement de Montauban, qui furent en toute circonstance si bons, si dévoués pour moi, et dont je serrerai toujours la main avec le plus cordial empressement.

Montauban, 1er août 1873.

---

(1) Ce journal de campagne à été imprimé à la demande de MM. Antoine de Valada, comte Elie de Vesins, Julien Jordanet, baron Henri de Cruzy, Paul Bessey, Armand de Bonne. Henri d'Elbreil de Scorbiac, Edmond Favenc, vicomte Léopold de Gironde, Maurice Prax, Edmond Malaval, Raymond Cazals, Henri de France, — officiers au 1er bataillon de mobiles de Tarn-et-Garonne.

PREMIÈRE PARTIE

INDRE, COTE-D'OR, DOUBS

MONTAUBAN, CHATEAUROUX, DIJON, AUXONNE,
LAMARCHE, LONJEAU, DOLE, POLIGNY, PORT-LESNEY,
CHARNEY, CHENECEY, G.-GAUTHIER, BUSY, VORGES,
THORAISE, BESANÇON, VILLEROYES.

Le 29 août 1870, les hommes, provenant des onze cantons Montauban
29 août 1870. formant l'arrondissement de Montauban et qui se trouvaient dans les conditions voulues par la loi militaire du 8 février 1868, pour faire partie de la garde nationale mobile, furent réunis au chef-lieu du département de Tarn-et-Garonne.

Le 1er bataillon, n'ayant encore qu'une organisation à peine ébauchée, sans éléments constitutifs, sans comptables, sans instructeurs, les hommes vêtus d'une blouse de cotonnade, serrée au corps par un mauvais ceinturon en cuir vernis, dont l'agrafe brasée au plomb se brisait au moindre effort, armés de fusils à percussion dont les deux tiers avaient besoin de réparations majeures, reçut, dans la nuit du 25 septembre, l'ordre (1), de se rendre à Orléans. Il fut

(1) Cet ordre fut provoqué, par M le préfet du département, avant la remise du bataillon à l'administration militaire, qui ne l'aurait certainement pas reçu vu son incomplète organisation, à la demande de sept à huit mobiles, qui pouvaient être animés d'une patriotique ardeur mais, excités sans doute aussi par le désir de quitter la caserne, la ville et de courir le monde.
Du reste, en dehors de l'immense responsabilité que prenait si à la légère l'autorité préfectorale, de tout ce qui pouvait atteindre sous le rapport sanitaire le bataillon mis en marche, à cette époque de l'année, sans être pour ainsi dire vêtu ; ce départ fut heureux, en ce qu'il facilita, par son éloignement du chef lieu, une organisation bien difficile à compléter, dans un semblable moment, et sur le lieu même du recrutement des hommes ; à Montauban surtout, où quelques zélés perturbateurs de la ville ou des environs, cherchaient à propager dans les rangs l'indiscipline et la révolte. Or donc, si, par cette demande de départ si peu opportune, sous le rapport de l'organisation définitive et sérieuse de ce bataillon, la préfecture se débarrassa d'une turbulente et lourde charge, le corps y gagna l'inappréciable isolement du foyer d'embauchage.

embarqué pour cette destination le 26 septembre à trois heures de l'après-midi (2).

Arrivé à Vierzon, le 27 à six heures du soir, il s'arrêta dans cette ville en vertu d'un ordre venu d'Orléans, et transmis par le chef de gare au chef de bataillon.

Sur décision prise par le général de division commandant à Vierzon (3), Tarn-et-Garonne, dût rétrograder sur Château-

(2) Le bataillon, après la remise d'un drapeau et de chaleureux adieux, qui lui furent adressés au nom de la ville par le chef de la municipalité, se rendit à la gare accompagné de la garde nationale sédentaire. Les démonstrations les plus sympathiques lui furent faites par la population, qui le suivit et encombra bientôt les abords et l'intérieur de la gare. Les adieux furent émouvants, mais sans faiblesse, restants et partants puisant le plus mâle courage dans un même sentiment de dévouement et de patriotique sacrifice.

Le départ fut bruyant mais s'opéra dans de bonnes conditions. La surexitation, provoquée par les adieux, se calma avec la mise en marche du train ; chacun revint bientôt à lui-même, au sentiment du noble devoir qu'il allait avoir à remplir, et pour lequel il quittait sans regret, bien-être, paix du foyer, affections de famille.

A mesure que le bataillon s'approchait du lieu présumé de sa première rencontre avec l'ennemi, sa tenue devenait plus sérieuse; à la fin de la deuxième journée, ces conscrits de la veille qui pouvaient être appelés à guerroyer le soir même, étaient légèrement émus ; sentiment qui se manifestait, chez les uns par un mutisme absolu, et chez les autres par une prolixité, une animation hors nature.

A chaque arrêt du train, les hommes prenaient avec avidité des informations sur le plus ou moins d'éloignement de l'ennemi : Le braillard se tut, l'insoumis d'hier ayant perdu pied, devint souple, respectueux ; les chants cédèrent à la fatigue et à la préoccupation.

C'est que Montauban était déjà loin, et l'impunité, dont on avait pu y jouir quelquefois, en raison du lieu, du temps et du manque total de moyens de répression, allait être par suite des conditions autrement sérieuses dans lesquelles on se trouvait alors, remplacée par une rigoureuse application des règlements disciplinaires. Aussi, une transformation radicale s'opéra-t-elle presque instantanément ; le soldat se rapprocha de son officier ; il ne vit plus seulement en lui un supérieur à redouter, mais un ami commis à sa protection, et auquel il promettait, à son tour, ses plus dévoués services : mutualité de bons soins et de secours qui unit pendant toute la campagne presque tous les officiers et les hommes, et dont la très heureuse influence s'est généralement maintenue malgré le licenciement du corps et sa dispersion.

(3) Le Commandant du bataillon et l'officier payeur se rendirent à la division pour y recevoir des instructions :

— Je suis mon général, le commandant d'un bataillon de mobiles qui était dirigé sur Orléans, et qui vient d'être arrêté en gare. J'ai l'honneur de venir prendre vos ordres.

— Que le diable emporte votre bataillon, dit le Général, j'en ai déjà ici trente de trop... Sortez de la ville et allez camper.

— Mais, mon général, mes hommes sont en blouse, en pantalon de toile et n'ont pas de campement.

— Décampez alors, exclama le général, devenu violet de colère, et faisant une fausse sortie.

roux (4), s'y installer afin d'y compléter son organisation et prendre tous les moyens possibles de se procurer les effets d'habillement, d'équipement et de campement dont son

Pressé par le Commandant de lui désigner un local où ses hommes pourraient se mettre à l'abri jusqu'au lendemain.

— Du tout ; du tout ; retournez d'où vous venez, vous voyez bien qu'il est impossible de vous utiliser dans l'état de dénûment où vous êtes.

La perspective n'était pas gaie : refaire trente heures de chemin de fer dans des wagons à bestiaux, dont un grand nombre n'étaient pas même garnis de bans, et pour rentrer à Montauban !.... Heureusement qu'un capitaine d'état-major venant à passer : « Dites-moi, lui dit le général, où pourrions nous expédier ce bataillon qui nous tombe sur les bras, vêtu comme un petit saint Jean ?

— Vous pourriez, répondit l'aide de camp, le faire rétrograder sur Châteauroux.... et l'itinéraire du bataillon fut immédiatement modifié.

(4) Le lendemain de l'arrivée, la mairie le tribunal, le théâtre, la prison, tous les établissements publics, furent transformés en casernes et occupés par les deux bataillons de mobiles de Tarn-et-Garonne, le second, Moissac, avait également été arrêté à Châteauroux par la même décision et pour la même cause.

L'installation des sept compagnies du 1er bataillon était à peu près terminée lorsqu'un beau matin le 30 septembre, survint une augmentation d'effectif à laquelle le bataillon était loin de s'attendre ; c'était la 8e compagnie qui, laissée à Montauban pour former le noyau du dépôt des mobiles de Tarn-et-Garonne, avait employé, pour être mise en campagne, le même moyen qui avait si bien réussi pour le départ du 26 septembre.

Le plaisir de revoir des compatriotes et les très sympathiques officiers qui les commandaient fut grand pour tous; mais ce nouveau contingent apportait, malgré lui, une perturbation considérable dans la jeune comptabilité du bataillon ; et, sans savoir si la venue de ces hommes serait approuvée ou non par le ministère de la guerre, il fallut verser dans chaque compagnie à peu près cataloguée et administrée une partie de la 8e, dépôt, que l'on ne pouvait laisser avec un effectif de plus de 300 hommes. Le bataillon compta dès lors 8 compagnies et eut un effectif de près de 1500 hommes.

Deux compagnies du 1er bataillon et une du deuxième furent particulièrement favorisés pour leur logement, ayant été casernés dans de belles constructions qui sont placées à l'entrée de l'enclos où se trouve l'habitation particulière et l'immense et belle usine de la famille Balzan, dont l'aîné des fils, alors maire de Châteauroux, aujourd'hui député de l'Indre, et chacun des membres de cette honorable famille, rivalisèrent envers tous, officiers et mobiles, de prévenances, d'attentions et de soins généreux.

Un point plus difficile à organiser que le logement, et dont les hommes eurent à souffrir pendant les premiers jours, fut celui de la nourriture : manquant de gamelles et de bidons, ils ne pouvaient bénéficier de l'abondance et de l'économie qui auraient résulté d'un ordinaire établi par compagnie et escouade, ainsi que l'ordonne le règlement, lorsque les locaux occupés par la troupe sont dépourvus de fourneaux . Le vin se vendait à un prix élevé, 60 à 70 centimes le litre; d'où il résultait qu'avec une solde relativement très bonne, puisqu'elle était encore de 1 franc par jour, il ne restait à chaque homme, se nourrissant séparément, et après l'achat d'un litre de vin, quantité nécessaire à des hommes du midi, sevrés subitement de l'ordinaire plus copieux de leur maison, que 30 à 35 centimes pour le pain et *le reste.*

Monsieur Auguste Balzan, maire de la ville, vu les observations qui lui furent faites sur l'exigence toujours croissante des marchands de denrées ali-

département ne l'avait pas pourvu, et qui lui étaient indispensables pour être porté utilement en ligne, dans le plus bref délai.

mentaires, voulut bien arrêter et publier un tarif que, en raison des circonstances majeures, ils ne devaient pas dépasser. Cet appel à l'honnêteté ne fut écouté que par les commerçants sur lesquels la mairie pouvait exercer une surveillance plus directe, comme les bouchers et les boulangers ; mais il n'arrêta point la cupidité des autres fournisseurs.

La municipalité ne vit le moyen de réduire cette rapacité obstinée, qu'en facilitant l'établissement d'une concurrence faite par des industriels appelés de tous les points du département, lesquels établirent des cantines en plein vent, et purent, en raison des avantages et priviléges qui leur furent consentis par la ville, servir à la portion à des prix plus modérés.

Pendant quelques temps, ces restaurateurs sous tente ne désemplirent pas ; mais peu à peu, le vide se fit. Le prix minime auxquels ils s'engagaient à servir une quantité suffisante pour rassasier, ne pouvait être tenu qu'au dépends de la qualité : Alors, MM. les capitaines s'ingénièrent pour obtenir ou faire confectionner de grandes marmites, et organiser, par le moyen d'une retenue journalière faite sur le prêt de leurs hommes et sagement dépensée, un ordinaire par compagnie, qui fournit enfin aux mobiles une nourriture saine et abondante. Du vin acheté en futaille, pris au dehors de la ville ou donné au dessous de sa valeur par de généreux propriétaires, compléta la bonne alimentation dont profita le bataillon pendant les deux tiers de son séjour à Châteauroux.

Le bataillon convenablement logé, confortablement nourri et son instruction reprise. Il fallut au plus tôt rechercher les moyens d'améliorer l'armement dont il était pourvu ; mais les réparations surtout les plus urgentes ne pouvaient être faites, par suite de l'importance des pièces qui manquaient à un grand nombre d'armes : telles que vis de chien, de culasse et de sous-garde, grands et petits ressorts etc. etc. Et l'arsenal de Bourges pouvait seul les fournir. A toutes les demandes qui lui furent adressées, il resta complétement sourd : plus préoccupé sans doute de son prochain déménagement, que des fusils de la mobile de Tarn-et-Garonne, Les deux tiers des hommes ne durent plus compter sur leurs armes que pour l'attaque à la baïonnette ; ressource extrême, que bien de mauvais fusils ne présentaient même pas, un grand nombre n'ayant qu'une baïonnette de rencontre qui ne s'ajustait pas au canon.

Le bataillon était donc, à cette époque là, justement préoccupé de ses mauvaises armes, pouvant être engagé d'un jour à l'autre, soit dans l'Indre soit dans le Loiret. Cette appréhension n'était nullement chimérique : il est connu de tous en effet, combien une telle infériorité dans l'armement fut préjudiciable à plusieurs corps de mobiles, et entr'autres à ceux de l'Aveyron, nos voisins, qui firent de si cruelles pertes dans les nombreux engagements qu'ils soutinrent si brillamment dans la Côte-d'Or où Bordone, le chef d'état-major de Garibaldi, les mit si souvent en première ligne, malgré leurs mauvaises armes, qui provenaient, du reste, de Toulouse, ainsi que celles données à Tarn-et-Garonne. Cette glorieuse, mais fatale préférence, avait sans doute pour but, de la part du pharmacien colonel de parfaire l'éducation militaire de ses compatriotes les français, et réserver les glorieuses phalanges Italiennes, qui étaient cependant armées de chassepots et de révolvers, pour de plus hautes missions.

Un dernier espoir d'améliorer son armement restait encore au bataillon : un habitant de Châteauroux (et quel est la moindre ville de France qui n'ait eu à cette époque là son bourgeois inventeur d'un petit fusil ou d'un petit canon ?) avait trouvé, assurait-il, le moyen de transformer le pauvre vieux piston, témoin de nos grandes et dernières victoires, en un chassepôt supérieur. Mais

Des marchés furent immédiatement passés.

Sous peu de jours, le bataillon devait se trouver dans d'excellentes conditions de service, lorsque un ordre de dé-

pour obtenir cette heureuse transformation dans l'armement des corps appelés à concourir à la défense de l'Indre, la préfecture devait prêter certains locaux et assurer 25 fr. par fusil *retourné*.

A une enthousiaste unanimité, une première somme de 25,000 fr. fut à cet effet votée par le conseil de défense du département, qui décida en même temps, que les armes des bataillons de Tarn-et-Garonne seraient les premières transformées.

Il devenait en effet d'un intérêt majeur, pour le département, d'armer le plus convenablement possible les troupes qui s'y trouvaient, l'ennemi accentuant alors son mouvement vers le centre de la France, attiré, disait-on, par Bourges et son arsenal , par Châteauroux, ses belles usines, sa manufacture de tabac ; et l'immense matériel appartenant au train des équipages militaires.

Mais une autre partie encore bien faible dans l'organisation générale du bataillon, était celle de l'habillement et de l'équipement ; quant au campement, il n'était pas même représenté par le plus petit bidon. L'excessive humidité que donnent dans la saison de l'automne les bords marécageux de l'Indre faisait sentir l'urgente nécessité de vêtir les hommes beaucoup plus qu'ils ne l'étaient. Les fièvres typhoïdes et la petite vérole sévissaient déjà avec intensité. Il fallait apporter au plus tôt un remède à ce fâcheux état sanitaire. Les manœuvres n'eurent plus lieu sur le bel emplacement que fournissait l'immense prairie de M. Balzan située au pied du vieux château Raoul ; les compagnies firent alors isolément. sur les grandes routes, des marches militaires entrecoupées de maniement d'armes.

Le conseil éventuel du bataillon ne recevant encore de son département aucune annonce d'effets, soit pour l'habillement, soit pour l'équipement, le commandant du bataillon demanda à la subdivision l'autorisation de se rendre à Tours, pour appeler l'attention du ministère de la guerre sur l'absolu dénument des mobiles de Tarn-et-Garonne.

Le bataillon de Moissac dont les besoins étaient exactement les mêmes, adjoignit au commandant du 1er bataillon un de ses officiers aujourd'hui conseiller général du canton de Valence d'Agen qui, par ses relations dans plusieurs ministères, lui fut d'un grand secours pour l'abord des bureaux, et d'un grand charme comme compagnon de route.

A leur arrivée à Tours, ces deux officiers, eurent la bonne fortune d'y trouver de leurs amis du bataillon de Moissac, qui avaient profité de leur séjour dans la nouvelle capitale politique de la France pour quêter aussi pour leurs hommes, et qui allaient rentrer à Châteauroux avec la promesse pour les deux bataillons frères d'un équipement complet, dont ils emportaient un lot de 300 et quelques pièces.

Le commandant du 1er bataillon n'avait emporté à Tours, pour tout bagage, qu'un petit paquet consistant : en une blouse de cotonade bleue qui servait de contenant, échantillon du seul vêtement dont ses hommes fussent couverts. Ce chaud et élégant habit contenait dans ses plis trois objets types de l'équipement des mobiles de Tarn-et-Garonne : 1° un mauvais ceinturon en cuir vernis noir, bon tout au plus à maintenir la tunique d'un lycéen, et auquel il aurait été très imprudent, à une heure sérieuse, de confier le poids de deux paquets de cartouches. 2° Une musette ou besace en toile, dans laquelle les hommes devaient placer pêle-mêle, leurs souliers de rechange, les vivres, la boite à graisse, à cirage, les brosses à décroter, le pain, les cartouches de surplus etc. etc, et donc l'unique lanière, bientôt enroulée en cordon, sciait l'épaule du porteur, peu préservée par le mince tissu de coton qui la recouvrait. Et la quatrième pièce, la plus originale de cet ingénieux équipement, et aussi la plus

part vint annuler les nombreux travaux de son conseil éventuel et lui enlever pour longtemps toute espérance de complète organisation. Le délégué à la guerre, M. de

remarquée, était un de ces petits carrés en *molesquine*, qui avaient été donnés comme cartouchière, qui en portaient pompeusement le nom, et devaient en remplir peu utilement l'office. Ce petit bijou, comme conception et confection, excita au plus haut point l'hilarité et l'indignation des personnes sérieuses auquel il fut présenté : il était formé de deux carrés de la susdite *étoffe*, juxtaposés et cousus sans aucun espèce de soufflet ; ce qui faisait produire à cette poche, aussitôt qu'elle contenait la moindre chose, un énorme baillement, admirablement disposé pour servir d'entonnoir ou laisser échapper, au moindre mouvement ce qui lui avait été confié.

Du reste, cet objet qui restera certainement comme un titre de haute intelligence pour celui qui en adopta le modèle comme effet d'équipement militaire, avait été aussi consciencieusement perfectionné qu'ingénieusement conçu; car, les quatre côtés de ce petit portefeuille, avaient été cousus avec un si mauvais *coton*, qu'aussitôt arrivé à Châteauroux les cartouches, qui avaient été distribuées aux hommes à leur départ de Montauban, durent leur être retirées. L'emplacement de chaque réunion, ou le chemin suivi par les compagnies, était toujours indiqué par un semis de munitions, que les soi-disant cartouchières laissaient échapper par le haut qui ne fermait plus ou par les côtés décousus·

C'était là tout l'équipement fourni par le département de Tarn-et-Garonne à ses bataillons de mobiles et avec lequel il les envoyaient à Berlin.

C'est au moment même où le Commandant présentait à l'intendant général de l'armée de la Loire la cartouchière dont ses mobiles étaient munis, que la circulaire suivante fut dictée et expédiée :

« M. l'Intendant, la plupart des gardes mobiles envoyés dans les départements voisins du théâtre de la guerre ou versés dans l'armée de la Loire, n'ont pas de gibernes et n'ont été pourvus dans leur département que d'une poche sans résistance formée d'une étoffe molle et de nature à laisser échapper au moindre mouvement le peu de paquets de cartouches qu'elles pourraient contenir.

Il importe de remédier autant que possible à ce grave inconvénient. Autorisez et dirigez toute dépense nécessaire pour faire doubler en fer blanc ou en bois, faute de mieux, ces cartouchières, pour rendre leur fermeture plus solide etc. etc, etc.

Prévenez l'autorité militaire que vous êtes autorisé à faire faire les dépenses convenables, et si elle est sur les lieux, demandez lui des instructions, mais surtout pressez vous.

Il est bien entendu que là où vous pourrez trouver à la troupe de bons coffres à cartouches, vous n'hésiterez pas à le faire, même chèrement. C'est une question de premier ordre.

Veuillez, etc.

L'intendant général de l'armée de la Loire.

ROBERT.

A M. l'Intendant à Châteauroux ; à M. le Général commandant la subdivision de l'Indre.

Les trois jours que les solliciteurs passèrent à Tours, furent laborieusement employés à assiéger presque tous les ministères, et à se faufiler dans tous les bureaux. Après des milliers d'escaliers montés et descendus et une exposition mille fois répétée des pièces de l'équipement fantaisiste que l'on sait, il fallut reprendre le chemin de Châteauroux avec de nombreuses et solennelles promesses, mais léger de colis.

Une bonne chose obtenue du ministère de la guerre fut le renvoi à Mon-

Freycinet, sur une demande qui lui fut directement adressée par quatre ou cinq officiers ou sous-officiers du bataillon, plus impatients que prévoyants, télégraphia un ordre

tauban de la 8ᵉ compagnie avec l'autorisation de conserver les hommes venus et sur lesquels on pouvait compter sûrement puisqu'ils avaient rejoint le bataillon volontairement, et de les remplacer pour reconstituer un dépôt par un nombre à-peu-près équivalent, pris dans toutes les compagnies et désignés par les capitaines comme présentant une valeur moindre soit au moral, soit au physique. Les mêmes officiers durent repartir, ce qui fut la seule perte sensible que le bataillon éprouva par cette nouvelle séparation. L'épuration des compagnies avait été pour le corps un bienfait dont il se ressentit tout le reste de la campagne.

Une dernière démarche restait encore à faire auprès du ministère de la guerre, pour le prier de ne point oublier les bataillons à Châteauroux, et, en raison de leur ardent désir d'être au plus tôt utilisés, de faire presser toutes les confections promises. Le chef de bureau du ministre promit que dans tous les cas, équipés ou non, les bataillons de Tarn-et-Garonne qui faisaient alors partie des corps chargés de la défense du Loiret, seraient au moindre besoin, appelés en première ligne. En raison de cette promesse qui fut *écrite, signée et remise au commandant*, MM. Lecesne et Thomas colonel de l'armement, promirent que sous dix jours les deux bataillons seraient munis de chassepots. En raison encore de la même promesse, l'intendant général Robert reçut l'ordre de fournir immédiatement pour l'équipement de ces corps tout ce qui pourrait se trouver de disponible dans les magasins de la 15ᵉ division,

Heureux de cette fortune si inattendue, le Commandant se rendit au cirque de la ville où l'administration de la guerre avait ses magasins, avec la ferme intention d'y puiser, sans discrétion, tout ce dont les mobiles de Tarn-et-Garonne manquaient. Mais une cruelle déception ne se fit point attendre, les magasins étaient vides... quelques mauvaises couvertures de fabrication anglaise jonchaient seules le sol, paraissant abandonnées, probablement à cause de leur non-valeur comme dimension et fabrication. Elles étaient cependant exactement semblables à celles que Tarn-et-Garonne avait reçues avec joie quelque temps auparavant, et qu'il devait à la sollicitude du père d'un mobile du 2ᵉ bataillon. Quelques objets déposés, par ci, par là, comme modèles types par des commerçants anglais ou belges, et une centaine de mauvais sacs en toile goudronnée, refusés par la commission de l'intendance, formaient en ce moment là, tout l'approvisionnement en habillement, équipement, campement sur lequel comptait l'armée de la Loire et les nombreux corps volants, qui, à l'instar de ceux de Tarn-et-Garonne, se trouvaient dans les mêmes parages, ayant été mis hors de chez eux avec mission d'aller se faire équiper ou pendre ailleurs.

Plusieurs ministères s'intéressaient à cette époque là à la grande affaire de l'équipement des troupes. Celui de l'Intérieur avait surtout un bureau dont le chef reçut les demandes avec une courtoise sollicitude, mais avec des magasins aussi vides que ceux de la guerre. En compensation, toute autorisation de passer des marchés, au nom de son administration, était donnée avec promesse d'une immédiate ratification. Cet obligeant employé se proposait même, toute affaire cessante, pour vous servir d'intermédiaire auprès des principaux commerçants de la ville.

Pour donner une idée du désordre qui régnait alors dans le service des fournitures militaires et combien, malgré la pauvreté des approvisionnements, certains agents du gouvernement en usaient avec une insousciante prodigalité, il suffit de citer le fait suivant: un employé du bureau dont il vient d'être question, promettait aux deux bataillons de Tarn-et-Garonne de leur adresser, sous huit

de départ pour Dijon, sans avoir consulté le général commandant la subdivision à Châteauroux, qui avait informé la veille le général commandant la division et le ministre de la

jours, un équipement complet dont le modèle, disait-il, n'était connu de personne.

— Je le connais, dit le Commandant du 1er bataillon; ces messieurs de Moissac, qui sont partis hier, ont emporté une énorme caisse qui en contenait de nombreux articles et me les ont montrés.

— Ce n'est pas cela, dit en riant le jeune administrateur, ce que je vous destine sera bien mieux confectionné.

— Mais alors, comment leur en avez-vous donné un si grand nombre et pour si peu de temps.

— Que voulez-vous, ces MM. sont de si charmants garçons que je n'ai pas voulu les laisser partir les mains vides. Quand les nouveaux effets leur arriveront, ils repasseront ceux là aux pompiers de Nanterre.

Le bataillon allait donc se trouver dans peu de jours, grâce aux envois du conseil central d'administration du corps, aux marchés passés à Châteauroux par le conseil éventuel du bataillon pour l'équipement et le campement, et par la transformation de ses fusils à percussion en chassepots, dans d'excellentes conditions de service; mais il était écrit qu'une seconde fois, (le départ de Montauban ayant été provoqué dans des circonstances identiques et par les mêmes moyens,) les préoccupations, les soins, les démarches, les fatigues, que chacun des membres du conseil éventuel dans sa spécialité avaient pris, faites et souffertes, devaient rester sans utilité devant une demande de départ adressée directement au délégué à la guerre par quelques officiers ou sous-officiers du bataillon. Et si les auteurs de cette démarche inconsidérée furent coupables au point de vue de la discipline, l'autorité dont elle obtint un favorable accueil, au lieu d'être blamée et punie, le fut bien davantage en raison des conséquences fatales qui pouvaient en résulter pour le bataillon. Celui-ci se trouvant à demi vêtu, sans équipement et sans campement, ne pouvait rendre les services que l'on était en droit de demander à un corps composé d'hommes forts, dévoués, mais dont l'énergie devait être bientôt paralysée par le dur service auquel ils allaient être appelés, sous une température très rigoureuse et dans des conditions de trop incomplète organisation.

. On les a suivis de l'œil ces bouillants de la première heure ; ils étaient armés et vêtus, eux, — et, si quelques uns ont fait, en toutes circonstances, leur métier comme les camarades, il en est d'autres qui se repentirent bientôt de leur fiévreuse impatience, car on les vit peu de temps après assiéger avec enthousiasme les voitures de transport, entrer avec une grande docilité dans les ambulances et hôpitaux, étirer indéfiniment quelques heures de repos accordées complaisamment par le chirurgien du corps D'autres enfin pour lesquels le licenciement du corps fût une *bien heureuse fortune.*

S'il est dit plus haut que le bataillon était à demi vêtu, quand l'ordre pour le départ de Châteauroux arriva, c'est que, malgré l'envoi de pantalons et de vareuses qu'avait fait le département, le drap, au moins pour ce dernier vêtement, était tellement léger qu'il ne pouvait garantir du froid ni de la pluie. Au dire de MM. Balzan, dont la notoriété comme fabricants de drap est européenne, cette étoffe de rebut, qu'ils avaient eux-mêmes fabriquée et vendue, ne se doutant certainement pas de la voir reparaître taillée en uniformes dans leur établissement, n'était formée que d'une trame sur laquelle, au moyen de la vapeur, on avait appliqué une certaine épaisseur de bourre de drap, qui devait tomber au moindre frottement. Les pauvres mobiles ne constatèrent que trop tôt le triste résultat de cette savante fabrication.

Quant à la confection, s'il est équitable de mettre sur le compte de la précipi-

guerre de l'impossibilité d'être utilisé où se trouvait encore ce corps.

Le 24, à 3 heures de l'après-midi, le bataillon fort de *onze cent-soixante-dix-sept hommes*, partit pour Dijon par voie ferrée. Il arriva à destination le 25 vers les 3 heures du soir (5), mais il ne fut pas débarqué, le chef de gare ayant reçu ordre de la place de le diriger immédiatement sur Auxonne, où il entra une heure et demie après (6).

Dijon
Auxonne
25 octobre
1870

tation beaucoup de négligences, il en était cependant qui dépassaient toutes les bornes excusables. Ainsi les pantalons étaient à très peu de chose près coupés sur la même dimension, soit pour la longueur, soit pour la largeur, et les corps de mobiles avaient des hommes de toutes les tailles, depuis celle de carabinier, jusqu'au minimum de l'infanterie. Et pour les vareuses, après le fait de l'absence presque complète de boutons, il en était où l'on pouvait constater dans la longueur des deux manches, des écarts de 5, 10 et jusqu'à 15 centimètres. Pour les hommes au-dessus de la taille moyenne, ce vêtement ne put être utilisé que pour gilet de dessous, étant trop étriqué pour être boutonné, ayant des manches qui n'allaient qu'aux coudes et dont les pans flottants couvraient à peine l'estomac.

Il faut ici mentionner la généreuse sollicitude de plusieurs officiers qui, voyant souffrir et dépérir certains hommes de leur compagnie, privés en raison de leur taille, de vareuse et de pantalon, leur abandonnèrent une partie de leur vestiaire, ou leur firent confectionner des effets à leurs frais.

(5) Le trajet fut long ; le train à certains moments, paraissait timide, inquiet ; le sifflet de la machine interrogeait souvent, et sa vitesse moyenne, à quelques kilomètres de Dijon, ne dépassait pas celle d'un cheval au trot. Cette prudence était inspirée par la nouvelle répandue qu'un corps de Uhlans avait été vu en deçà de la ville, cherchant à arrêter tout secours, en coupant le chemin de fer.

Ce bruit, comme les cent mille autres que la peur enfantait et propageait si promptement, était heureusement sans fondement ; et le bataillon entra dans la gare en riant, gouaillant, chantant, c'est-à-dire content et peut-être aussi un peu ému de se trouver subitement transporté sur un terrain où la lutte de demain, de la nuit, peut-être, était inévitable et serait sérieuse.

(6) Auxonne est situé à l'extrémité d'une belle plaine, sur la rive gauche de la Saône. Sous Louis XIV, Vauban rétablit les fortifications de la ville qui, même après la conquête de la Franche-Comté, resta l'un des postes militaires les plus importants de cette partie du territoire.

L'espace si restreint laissé à la ville, par sa forte ceinture de pierre, a obligé les habitants à construire leurs maisons pour ainsi dire, les unes sur les autres. Aussi sont-elles étroites, élevées, pour trouver dans la hauteur l'espace et l'air qui manquent aux pieds.

Ancienne école d'artillerie, Arsenal.

A l'arrivée du bataillon de Tarn-et-Garonne dans ses murs, la place d'Auxonne regorgeait de mobiles et de mobilisés de la Côte-d'Or et de la haute Saône qui étaient refoulés par l'envahissement. Le major de place ne voulait pas loger Tarn-et-Garonne dans la ville ; mais le chef du bataillon ayant refusé d'en sortir à moins d'un ordre formel de Dijon qui venait de l'y envoyer, les hommes furent casés tant bien que mal, mais toujours mieux qu'à la belle étoile.

La plus sérieuse considération qui motivait ce refus, c'est que les hommes n'avaient pas de campement pour aller s'établir sur un des versants des fossés

Lamarche
26 octobre
1870

Mais le lendemain, la place d'Auxonne transmettait un ordre venu de Dijon envoyant le bataillon prendre son cantonnement dans le village de Lamarche, situé à dix kilomètres plus loin sur la rive droite de la Saône. Il y fut installé à deux heures de l'après-midi.

L'ennemi étant signalé aux environs de la petite ville de Pontalier, qui se trouve à sept kilomètres de Lamarche, Tarn-et-Garonne s'établit en conséquence, et prit toutes les mesures d'observation et de sûreté que nécessitait sa position.

Ce corps qui n'avait été envoyé à Lamarche que pour débarrasser la place d'Auxonne, était alors complètement ignoré de l'armée à laquelle il venait d'être adjoint; car il ne reçut ni ordres, ni instructions, ni vivres pendant les deux premiers jours. Aussi s'occupa-t-il activement et de son propre mouvement à mettre en pratique toutes les prescriptions les plus minutieuses du service en campagne.

de la place, ainsi qu'on le leur demandait; le Commandant avait encore l'espérance qu'avec le secours de l'arsenal, les armes du corps seraient promptement réparées. Il s'agissait aussi de demander et recevoir du dépôt des munitions, de la place une certaine quantité de cartouches, en remplacement de celles restées à Dijon, dans une partie du train détachée, lors de la continuation de la marche du bataillon sur Auxonne.

A une demande de mise en réparation adressée immédiatement au commandant de l'arsenal, il fut aussitôt répondu par un ordre de dépôt des armes dont la réparation était plus urgente. Le manque presque total de nécessaires d'armes en motiva également une autre, très pressante, à laquelle on répondit encore très promptement par l'envoi de *trois* de ces pièces, *les seules* qui furent trouvées dans l'arsenal au lieu de cent dont le bataillon aurait eu besoin.

Il ne faut cependant pas omettre de mentionner qu'en cherchant dans le magasin aux petites ferrailles, on finit par découvrir *six* cheminées de fusil, qui étaient réformées, mais dont on s'empressa de doter les six premières armes qui se trouvèrent en manquer.

La même richesse semblait exister dans tous les services d'approvisionnement de cette place de guerre. A la demande de 20,000 cartouches adressée au dépôt des munitions : « Estimez-vous bien heureux d'en toucher 2,000 répondit-on ; Garibaldi qui nous en demande 300,000, n'en recevra que 11000. Et « sur 18,000 que la place possédait encore hier, il ne nous en restera que 5000. De « sorte que, s'il ne nous en rentre pas aujourd'hui, nous aurons pour le siége à « soutenir peut-être demain, 2 cartouches à distribuer par fusil, supposé la garnison réduite à 2,500 hommes, et elle est aujourd'hui de 9,000. » (1)

Comme compensation, il fut donné en sus un tonneau de poudre avec l'autorisation de l'employer à faire des cartouches. Mais on avait oublié d'y joindre la pratique, l'outillage voulus pour pouvoir les confectionner. En cas de siége,

____

(1) Lettre du commandant de l'arsenal, du 26 octobre.

Dans la soirée du 27 (7) deux bataillons de mobiles de l'Yonne vinrent camper dans le village, et furent appelés, le lendemain 28, à Pontalier, par un ordre que leur télégraphia le colonel Lavalle.

Ne doutant plus que sa présence à Lamarche ne fut complètement ignorée du Commandant supérieur des forces de la Côte-d'Or, le commandant du bataillon de Tarn-et-Garonne lui demanda par dépêche s'il ne pourrait suivre les corps de l'Yonne.

Sur réponse affirmative, les hommes, malgré une pluie battante, furent promptement rassemblés, et s'élancèrent dans la direction de Pontalier avec une énergie, un élan,

et il était imminent, l'arsenal était sans doute bien aise de débarrasser la place d'un trop plein de poudre que l'on ne savait comment protéger.

Le bataillon traîna pendant longtemps cet inutile approvisionnement, qui finit par aller rouler dans quelque fondrière , après avoir subi trente averses soit en route. soit en station les municipalités des petites localités faisant des difficultés pour loger un aussi dangereux hôte.

(7) Le dimanche 27, une messe dite par l'aumonier d'un bataillon de mobiles qui se trouvait dans les environs, réunit dans la vaste et belle église du village l'effectif presque complet du bataillon.

A la tenue recueillie de chacun, il était facile de reconnaître cette bonne population de nos campagnes qui croit et prie encore. Les protestants demandèrent l'autorisation d'aller au prêche à Auxonne, les 20 kilomètres qu'ils avaient à faire pour aller et revenir le soir à Lamarche, ne les effrayant pas : Cette permission leur fut accordée malgré la position avancée qu'occupait alors le bataillon.

Le Commandant était heureux des sentiments de foi qu'il avait remarqués, dès Châteauroux, dans la majeure partie de ses hommes, et qui s'affirmèrent à mesure qu'ils s'approchaient de l'heure où ils savaient avoir besoin de tout leur cœur. Aussi, s'empressa-t-il toujours de leur faciliter par tous les moyens en son pouvoir, l'accomplissement de leurs devoirs religieux. Il savait qu'avec des chrétiens, il pouvait compter. au jour des grandes épreuves, sur le courage de tous ; qu'ils auraient ce sublime sentiment de l'abnégation, source du pur héroïsme, que donne seule une conscience tranquille. Il était confiant en eux persuadé que la religion, produisant l'amour du devoir et du sacrifice, communique aux soldats, à l'heure du péril, quelque chose de ce courage et de cette espérance qui font les martyrs. Il savait encore, et nous avons eu la trop douloureuse confirmation de cette vérité, que, quelle que puisse être la valeur des individus, toutes les chances dans la lutte sont pour ceux qui croient contre ceux qui doutent, la croyance en une autre vie soutenant jusqu'à la mort : L'amour de la gloire ne rendant fort que jusqu'à la défaite.

Dans la journée du 28 plusieurs bataillons détachés traversèrent Lamarche se dirigeant sur Pontalier. Deux de ces corps, appartenant aux mobiles de l'Yonne, jetés à l'aventure comme celui de Tarn-et-Garonne, s'y arrêtèrent pour attendre des instructions et trouver du pain.

Dans la nuit même absence d'ordres, même incertitude et même temps : une pluie battante. Cependant quelques franc-tireurs Dijonnais qui se repliaient annonçaient l'approche de l'ennemi, Lamarche ne pouvait donc tarder à être enveloppé ou attaqué; mais que faire ? se porter en avant sans avoir même le pré-

une gaîté dont leur nature timide et habituellement indolente n'aurait pas été jugée susceptible. L'émotion produite par la perspective d'une première action sérieuse à laquelle ils étaient appelés se réflétait sur toutes les physionomies, et les éclairait d'un rayon d'enthousiasme qui était de bon augure : Les cartouches sont en pâte et les fusils pleins d'eau, mais qu'importe ! la baïonnette suppléera ; En avant !... en avant ! Les chanteurs tête de colonne prennent et donnent une allure dont la gauche ne se plaint pas ; la pluie ne cesse de tomber ; la bise glace les mains et le visage. Stimulé par la nuit qui survient, le bataillon se presse, il accélère encore sa marche ; il veut arriver et surtout à temps.

texte de marcher au canon n'était pas admissible ; rétrograder l'était encore bien moins. D'un autre côté, rester cantonné sur un point si facile à enlever en raison de sa position stratégique ; y demeurer dans une ignorance complète de ce qui se passait aux alentours, mettait le bataillon dans une anxieuse perplexité dont il fallait sortir au plus tôt.

Le Commandant après s'être rendu à la gare du lieu pour être plus à porté des ordres que le télégraphe pourrait lui transmettre, prit le parti, ne recevant rien, d'aller lui-même à la recherche d'un chef quelconque, Général ou avocat, qui voulut utiliser son bataillon.

A la sortie du village, l'animation avec laquelle les paysans interrogaient et réclamaient des nouvelles de l'ennemi disait les cruelles appréhensions de tous. A mesure que l'on approchait de Pontallier, l'inquiétude était plus marquée, c'était de la consternation. La peur se traduisait déjà par un masque d'effarement dont toutes les physionomies étaient couvertes : les hommes paraissaient ivres, inconscients dans leurs actions, dans leurs paroles ; les femmes pleuraient, les enfants jetaient les hauts cris, les animaux, auxquels on ne prenait plus garde, fuyaient dans toutes les directions. De nombreux attelages d'émigrants encombraient la route, les uns courant à toute bride, d'autres arrêtés encore recevaient des provisions, des meubles qui étaient entassés pêle mêle et à briser les essieux avec toute la maladresse de la précipitation et de la frayeur. Des éclaireurs, des ordonnances, des courriers couraient dans tous les sens, à une allure qui tenait du délire. Courbés sur leurs chevaux, ils faisaient exécuter à leur monture des prodiges de Steeple ; c'était une véritable tempête avec ses désordres, ses tourbillons, ses gémissements, ses frayeurs et une inondation de larmes.

Dans la confusion de cette panique, le moindre renseignement ne pouvait être recueilli. Aux questions que l'on adressait en passant à ces pauvres gens, ils répondaient invariablement : Ils sont là, ils sont là, mon Dieu ! mon Dieu ! protégez-nous ! et ils continuaient à fuir l'invasion, comme s'ils en eussent ressenti déjà la cruelle étreinte, invoquant le secours du ciel et ne comptant plus sur les légions ou bandes armées de leurs compatriotes dont la contrée était cependant couverte mais qui leur paraissaient, avec raison, beaucoup plus propres à affamer qu'à le défendre.

Cet effroi dénonçait clairement l'approche de l'ennemi ; d'où l'on pouvait naturellement conclure que le personnage docteur, polonais, commissaire ou pharmacien qui avait mission de l'arrêter devait se trouver aux avant-postes pour prendre ses dispositions de défense. Mais toutes les recherches furent vaines, le grand-chef si désiré était introuvable: on en saura plus tard la raison.

Les voilà, ces enfants de Tarn-et-Garonne, au jour de leurs premières marches à l'ennemi, lorsqu'ils étaient encore forts de santé et de confiance ! tels ils seront au jour de la revanche. Dieu veuille qu'en ce jour désiré, on sache mieux utiliser les rares qualités de ces honnêtes et riches natures !

Malgré la promptitude avec laquelle furent franchis les sept kilomètres qui séparent Lamarche de Pontalier, le bataillon n'y arriva que pour assister, l'arme au pied, à la rentrée des corps qui avaient été portés en ligne, et revenaient n'ayant eu que leurs tirailleurs d'engagés.

Les prussiens avaient simulé une attaque sérieuse de Pontalier, pour cacher leur marche sur Dijon, attirer à eux tous les corps de Lavalle, les amuser et s'assurer des forces qui se trouvaient en avant de la place d'Auxonne. Ils faisaient une simple reconnaissance, et, leur but atteint, ils se retirèrent.

Après avoir laissé former sa ligne de défense par un commandant d'état-major, qui le fit, du reste, sans autorisation jugeant de l'incapacité de son chef, le colonel Lavalle, voyant les prussiens se retirer devant les fortes dispositions qui venaient d'être prises, crut avoir gagné une bataille et ordonna la retraite au moment où il aurait dû faire sonner la charge.

Le bataillon rentra à 9 heures du soir dans son cantonnement de Lamarche. (8)

---

(8) Au moment où le bataillon fut arrêté, le Commandant reçut l'ordre de se rendre au conseil de guerre qu'allait tenir le pharmacien, colonel-général de toutes les armées de la Côte-d'Or, assisté des chefs de corps qui, de près ou de loin, avaient pris part à cette journée du 28 octobre,

Si le soldat rentrait découragé, la tête basse et en silence, il n'en était pas de même de l'état-major général : Une quinzaine de cavaliers, traversant au galop les petites rues sales et boucuses de la ville, s'arrêtèrent devant une maison de peu d'apparence, dans un désordre que pouvaient expliquer l'obscurité et sans doute aussi, le peu de talent en équitation du personnel de cet état-major de récente improvisation qui avait été probablement recruté, en très grande partie, dans l'officine de son grand chef. Chacun mit pied à terre, par la droite ou par la gauche, suivant son savoir ou sa commodité. Les nombreuses plumes des toques et des bérets étaient hérissées ou pendantes ; les sabres traînants traçaient un sillon dans la boue qui en amortissait le bruit métallique et vainqueur ; les éperons à grandes molettes mobiles étaient également embourbés et silencieux ; l'ensemble de ce débraillé guerrier était en somme du plus comique et piteux effet.

Chacun, en raison de la pluie et de la bise qui insufflait de la glace jus-

Lonjeau
29 octobre
1870

Le lendemain 29, il reçut par un éclaireur à cheval un ordre verbal du colonel Lavalle, de rétrograder sur Auxonne. Le commandant, ne voulant exécuter ce mouvement ré-

que dans la moelle des os, se hâta sur les pas du grand chef, qui entra dans son hôtel. Les chefs de corps furent introduits.

Ce narré, de la première partie du soi-disant conseil de guerre, à laquelle assista le commandant de Tarn-et-Garonne, est tout à fait en dehors du cadre restreint qu'il s'est tracé, même pour ces notes qu'il a voulu épurer de toute partie anecdotique et surtout personnelle. Mais certains faits, malgré leur grotesque, appartiennent à l'histoire, parce qu'ils sont nés de tristes individualités dont le nom restera ridicule ou fatal, et qu'il faut afficher.

La salle dans laquelle le conseil allait avoir lieu était pauvre en ameublement: une table sur laquelle brûlait une chandelle fumeuse était la seule pièce de mobilier que le propriétaire de la maison avait cru pouvoir risquer aux hasards brutaux de la guerre. L'austérité républicaine du grand chef se contentait, sans doute très aisément, de cette rustique simplicité. De la paille plus ou moins piétinée et pour le moment relevée contre les murs, devait après la séance être étendue en litière et servir de couchette à l'état-major et au commandant en chef. Une vaste cheminée où flambait un feu généreusement garni, donnait une atmosphère fort appréciée et une clarté rougeâtre, qui rayonnant sur l'ensemble de la réunion, en colorait le personnel pittoresque d'une teinte fantastique à rendre jalouses les féeries du châtelet et de la porte Saint Martin.

La docte et guerrière assemblée paraissait composée uniquement de Colonels, tous les képis et les avant-bras étaient chargés de rayonnantes dorures. Quelques lieutenants-colonels pouvaient bien s'y être modestement glissés ; mais à la seule lueur du foyer, le fait ne pouvait s'affirmer; Il y avait un colonel de francs-tireurs à pied, un colonel de francs-tireurs à cheval, un colonel de chasseurs Dijonais, un colonel des éclaireurs à cheval de Dijon ; puis, le menu personnel des aides de camp et quelques commandants de mobiles, sales et déguenillés, complétaient la réunion, mais faisaient triste figure au milieu de cette fleur de la *gentry* Dijonaise radicale.

Lavalle entre, il est radieux : les boucles de sa longue et épaisse chevelure sont maintenues par son haut képi, qui a dû être primitivement une barrette de docteur, et que d'innombrables galons illuminent. Il s'avance, et *primus inter pares*, il garde sur sa tête Olympienne son képi casque. Les autres chefs ne se découvrent pas davantage ; seuls, les commandants de mobiles sont nu-tête par une mauvaise habitude, contractée sans doute dans l'ancienne armée de France, où ils sucèrent ces mauvais et surannés principes qui ordonnaient quand même le respect au chef donné : grande faute. ont-ils appris depuis, toute cette soi-disant discipline ne servant qu'à asservir, abrutir, annihiler l'âme du citoyen soldat.

« Messieurs, dit Lavalle, en s'accoudant sur le chambranle de la cheminée et
« prenant la pose *de l'Hercule au repos*, « La journée du 28 octobre 1870, comp-
« tera dans les fastes militaires de la France, comme un des plus glorieux.
« Cette brillante affaire à laquelle vous avez tous coopéré, vous fait le plus
« grand honneur, ainsi qu'aux vaillants corps que vous commandez, et dont je
« m'énorgueillis d'être le Général. Aussi, messieurs, afin que nul de vous ne
« puisse ignorer le moindre incident de l'humiliante défaite que nous venons
« d'infliger à nos barbares ennemis, que la nuit seule nous a empêché de re-
« fouler au loin, la baïonnette dans les reins, je crois devoir vous en rappeler
« tous les glorieux détails, depuis la première heure jusqu'à celle-ci où nos
« braves troupes, heureuses, triomphantes, rentrent dans leur cantonnements,
« déjà impatientes des lauriers que demain leur promet encore.

trogade que sur un ordre écrit, attendit à Lamarche la venue annoncée du colonel *qui le pria alors* de rester auprès de lui jusqu'à nouvel ordre, c'est-à-dire, on le sut

« Mais avant de commencer le narré de notre victoire, je dois vous prévenir
« que nous avons, chacun en notre particulier, à nous méfier autant des prus-
« siens de l'intérieur que de ceux de l'extérieur. Figurez-vous, messieurs,
« jusqu'où l'audace des premiers peut être poussée : ce matin, au moment où
« j'ai voulu me mettre à la tête de mes braves troupes qui se portaient d'un pas
« si précipité vers l'ennemi, mon cheval m'a été volé. Les recherches les plus
« minutieuses, faites à un mille à la ronde, restèrent sans bon résultat. Je ne
« trouvai même pas dans toute la ville le moindre quadrupède à réquisitionner.
« Je cours au village voisin, j'y rencontre un cheval traînant une cariole, je le
« fais dételer, et m'en empare au nom de la France envahie. Mais mon talent
« en équitation ne me permettant pas de le monter à la manière des Numides,
« une selle m'était indispensable ; il ne s'en trouve plus une, me dit-on, à 10
« lieues à la ronde ; mais je cherchai encore et finis par trouver un objet sans
« nom qui, moitié selle, moitié bât fut placé sur le dos de ma nouvelle monture
« et sur lequel je me hissai prestement, je pus ainsi rejoindre sans trop de re-
« tard la tête de mes braves bataillons.....
— Voilà pourquoi nous vous avons vu arriver si tard sur le lieu de l'action ?
dit avec un sourire narquois un des colonels (*M. Blondeau* colonel des éclaireurs à cheval de Dijon.
— N'interrompez pas, dit doucement Lavalle. J'arrive, et à mesure que mes bataillons sont à portée, je les dispose en une ligne imposante qui......
— Mais non ! mais non, reprend audacieusement le même interrupteur, ce n'est pas vous qui avez disposé ou formé le front d'attaque, c'est le commandant d'Etat major qui vous a amené hier des mobiles, et qui, voyant l'absence de tout chef à l'heure critique, a pris heureusement sur lui....
— N'interrompez pas de grâce, vous dis-je colonel, laissez-moi continuer, dit encore doucement le grand chef faisant seulement de son long bras le geste d'imposer silence, et sans que sa physionomie parut troublée de l'impertinente ténacité de l'interrupteur. Je reprends donc, et vous dirai, messieurs, que développant, au plus tôt, de nombreux tirailleurs, je formai derrière mes colonnes d'attaque qui s'élançant au cri de : vive la république.....
— Et moi je persiste à nier que vous ayez fait tout cela, vous êtes trop ignare. Je certifie à ces messieurs que c'est toujours le même commandant d'état major.
— Silence, silence, je vous en prie ; laissez-moi terminer mon récit..
— Mensonges, mensonges, tout ce que vous dites, vous êtes trop lâche...
— Monsieur ! exclama Lavalle, qui parut enfin touché par cette dernière épithète.
— Oui je le répète, trop couard, trop lâche !
— Non monsieur !
— Si monsieur !
— Vous avez dit ? reprit Lavalle qui espérait peut-être avoir mal entendu.
— trop lâche !
— C'est vous qui êtes un lâche, vociféra le grand chef ; du reste, que faites-vous ici ? vous ne faites pas partie de l'armée régulière, vous n'avez pas le droit d'y être et surtout à présent d'y rester.
— J'y suis, répliqua l'implacable colonel auxiliaire, parce que je le veux, et j'y resterai pour vous surveiller, j'irai ensuite informer le comité qui vous a nommé chef d'armée, de vos faits et gestes et lui faire comprendre combien il a été coupable en vous appelant à des fonctions que vous êtes incapable et indigne de remplir.
— Sortez, monsieur, hurla le commandant supérieur de toutes les forces de la Côte-d'Or, devenu violet.

depuis, jusqu'au moment de sa fuite, qui eût lieu quelques heures après. (9)

Vers le milieu de la journée, le colonel Fauconet, qui

— Je ne sortirai pas.

— Restez alors, soupira sur un ton soumis, le docteur-général, rentrant subitement dans le calme dont les grands caractères ne doivent jamais se départir. Reprenant son discours :

— Je vous disais donc, messieurs, qu'aussitôt un cheval trouvé.,.

A cette sereine reprise deux anciens officiers inconnus l'un à l'autre, qui se trouvaient voisins, sentirent, après la mutuelle et douloureuse interrogation qu'ils lurent dans leur regards, leurs mains se rechercher et protester, par une de ces étreintes comme le cœur violemment agité sait seul les donner, contre l'inénarrable et dégoûtante scène dont ils venaient d'être témoins et contre l'ineptie qui leur donnait pour chefs de ces hommes sans cœur, de ces faux Carnots, avec lesquels la nouvelle république voulait vaincre, sauver la France, et dont l'abjecte suffisance ne devait servir qu'à précipiter et compléter sa ruine.

Connaissant l'histoire du cheval pris et celle du cheval trouvé, ne jugeant que trop de l'issue d'une semblable réunion, le Commandant de Tarn-et-Garonne interrompit à son tour le colonel, pour lui représenter que ses hommes l'attendaient au milieu du village, sous une pluie battante, et lui demander qu'il voulut bien l'autoriser à les ramener dans leur cantonnement.

— Allez, cher Commandant, dites bien à vos hommes combien je les remercie de leur brillant concours. N'oubliez pas de m'adresser, demain matin, un rapport détaillé sur leur admirable conduite.

— Mais, mon Colonel, appelés trop tard, ils n'ont pu vous rejoindre, malgré leur très grand désir, que lorsque la retraite sonnait.

— C'est égal, il me faut un rapport : mentionnez leur patriotique impatience, la fiévreuse activité du départ, leur désir de combattre ; vos morts, vos blessés, etc. Enfin il me faut un rapport ; je vous promets que j'en rendrai compte à qui de droit, et que justice sera faite.

Là-dessus grande poignée de mains et le Commandant put enfin rejoindre son bataillon qui, gelé et mouillé jusqu'aux os, rentra tristement à Lamarche. Et comment voulait-on que le doute et le découragement ne prissent subitement naissance au spectacle navrant de ces ambitions mesquines, de ces prétentions grotesques et de ces incapacités verbeuses.

(9) Pendant la nuit qui suivit de nombreux bataillons ou escadrons, plus ou moins débandés, traversèrent Lamarche, se *repliant* en désordre sur Auxonne. Troupe de ligne, mobiles, cavalerie, enfin tout le corps d'armée de Lavalle abandonnait son indigne chef. Le Commandant de Tarn-et-Garonne reçut, à 2 heures du matin, un ordre verbal qui lui enjoignait de suivre le mouvement général. Ne voulant faire rétrograder son bataillon que sur un ordre écrit, il se décida à attendre le colonel qu'on lui annonça devoir passer à Lamarche sous peu d'heures.

Dès son arrivée à la gare, l'adjudant-major du bataillon alla lui demander confirmation écrite de l'ordre de retraite. Il fut impossible d'obtenir ancune décision : Lavalle, et ses amis qui devaient, du reste, l'abandonner aussi sous peu, noyaient leur infortune dans de nombreux bols de punch, dont la flamme éclairait seule l'immense salle où ils étaient réunis.

Cependant les Prussiens, enhardis sans doute par le peu de vigueur qu'avait montré la veille le corps de Lavalle, revenaient avec de l'artillerie sur Pontallier, et n'en étaient, disait le télégraphe, qu'à cinq kilomètres.

Rester seul à Lamarche où le bataillon pouvait être facilement cerné n'était ni prudent, ni utile ; rétrograder, sans ordre écrit, n'était pas possible. Dans cette alternative, le Commandant se rendit au jour, auprès de Lavalle, pour lui de-

remplaça le colonel Lavalle dans le commandement supérieur des forces de la Côte-d'Or, donna l'ordre à Tarn-et-
Garonne de se replier sur Auxonne, où un train l'embar-
querait pour le porter à Dijon, que l'on savait devoir être
très sérieusement attaqué le lendemain.

Arrivé au lieu prescrit, pas de train ; la gare d'Auxonne
était veuve de ses employés qui, à l'exception du chef de
gare, avaient déjà fui. Le bataillon prit alors à pied la route
de Dijon, où il pouvait espérer arriver le lendemain d'assez
bonne heure. A la fin de cette journée, déjà très dure, il
coucha à Lonjeau, village situé à moitié chemin d'Auxonne
au chef-lieu de la Côte-d'Or. Il y arriva vers les dix heures
du soir.

mander des ordres définitifs, refusés déjà deux fois à l'adjudant-major. Mais
aux chants joyeux de la nuit avait succédé le calme le plus complet ; les amis
avaient fui avec les employés de la gare, il ne restait plus qu'un jeune homme
qui, brisé de fatigue, dormait près du timbre du télégraphe. Réveillé pour lui
demander s'il savait quelque chose de la position de l'ennemi, ce pauvre garçon,
toujours dormant, interrogea par des martellements qui paraissaient bien peu
définis, son collègue de Pontallier, qui lui répondit que les prussiens n'étaient
pas encore entrés dans la ville, qu'il l'en préviendrait par une dernière et particulière sonnerie. On avait donc encore plus de sept kilomètres d'avance, soit
pour rétrograder ou pour se préparer à les recevoir dignement.

Quant à Lavalle, abandonné de son état-major, il était resté seul dans la salle
du banquet, et dormait allongé sur une chaise-longue, la tête sur un havre-sac,
rêvant sans doute à son apothéose, que les généreuses vapeurs du punch ab-
sorbé devaient lui montrer à travers un prisme formé des plus chatoyantes
couleurs. Cette glorieuse vision lui voilant sans doute le couronnement que le
conseil de guerre devait descerner sous peu à ses grotesques et fatales prétentions en le déclarant non traître, mais fou.

Réveiller le colonel ne fut pas chose facile ; son cerveau, déja fortement atteint, disait-on, par la fatigue d'un travail, auquel et pour lequel surtout il n'é-
tait pas fait, paraissait complètement engourdi, solidifié. Aussi fallut-il le besoin urgent d'une décision immédiate, que lui seul pouvait prendre et donner,
pour s'acharner à rendre à cette masse inerte la lucidité nécessaire à juger de
la situation et en décider.

Roulé comme un sac à pain, il finit par se réveiller à moitié : — « Hein ! que
voulez-vous ? qu'est-ce qu'il y a de nouveau ? — Des ordres à donner, mon général, dit le commandant, les prussiens nous tournent peut-être par le bois
de Montarlot. Je ne puis rester plus longtemps dans Lamarche, où je serais certain d'être pris comme dans une souricière, portez-moi en avant ou en arrière,
mais sortez moi d'ici.

— De quoi, c'est un bœuf que vous voulez ?

— Mais non, mon colonel.

— Ah ! une vache peut vous suffire ; eh bien, faites moi de suite le bon de
réquisition et je vous le signerai.

Réflexion faite, l'aubaine était bonne à saisir pour le bataillon qui n'avait eu
de viande depuis deux jours. Le télégraphe toujours muet, certifiait que l'ennemi n'était pas encore à Pontallier; les sept kilomètres d'avance n'étant pas enta-

Dôle
30 octobre
1870

Le lendemain matin, le bataillon avait déjà parcouru un certain nombre de kilomètres, et se trouvait à hauteur de Genlis, c'est-à-dire, non loin de sa destination, lorsque le capitaine, parti en avant-garde pour faire le logement, reçut un ordre, émanant de la place de Dijon qui lui fut transmis par le colonel commandant les bataillons de l'Yonne, rétrogradant lui-même avec ses bataillons. Cet ordre interdisait à Tarn-et-Garonne d'entrer dans la ville, lui enjoignait de faire demi-tour et de prendre la direction *que bon lui semblerait.* (10)

més l'on était certain de ne pas être surpris, au moins de ce côté. Le bon, fait avec la plume du télégraphier qui dormait toujours, tenant de la main droite le bouton de correspondance, fut signé et immédiatement présenté au maire du village, qui se mit aussitôt en quête, et livra bientôt au boucher du bataillon un très-beau bœuf qui fut à l'instant tué, dépécé et ensaché.

Le fort roulis auquel venait d'être soumise l'auguste personne du commandant supérieur de toutes les forces de la Côte-d'Or, et la fraîcheur matinale aidant, dégagèrent bientôt le cerveau du patriote Dijonais de ses derniers pavots ; et après avoir secoué fortement son chef, ce qui fit rayonner plusieurs fois autour de sa tête son opulente chevelure, il parut être enfin rendu à lui-même, mais aussi au souvenir de sa triste position. « Ah ! c'est vous, cher comman-
« dant, merci, vous ne m'avez pas abandonné, vous, dit-il, en prenant les mains
« du commandant de Tarn-et-Garonne, vous resterez encore, n'est-ce pas ? J'ai
« besoin de vous, et je vous promets, que d'ici à peu de temps, vous recevrez
« des ordres précis. Dites-moi, votre bataillon veut-t-il du pain ? Je sais qu'il
« y en a encore dans un wagon qui se trouve en gare, envoyez-le chercher. »

Le but que s'était proposé le commandant du bataillon en se rendant lui-même auprès du colonel Lavalle n'était point atteint. Il se trouvait toujours dans la même position précaire sous les ordres d'un chef qui abdiquait ou avait perdu la raison, et encore immobilisé par un scrupule de vieux soldat, duquel il se promit bien de se dégager à l'avenir, en pareil cas. Mais la matinée n'avait pas été perdue pour ses hommes qui y avaient gagné les matériaux d'un bon repas.

Lavalle, abandonné de son armée, n'attendait pour rentrer à Dijon que l'arrivée d'une machine qu'il avait demandée à Auxonne. Il avait voulu conserver Tarn-et-Garonne pour ne pas rester seul à Lamarche, que les prussiens auraient pu occuper plutôt, s'ils l'avaient su complètement évacué.

Vers le milieu de la journée, le bataillon apprit la fuite de son général en même temps que le nom de celui qui le remplaçait dans le commandement supérieur des forces de la Côte-d'Or, le colonel Fauconet, qui fut tué glorieusement le lendemain, en combattant sous Dijon.

C'est ce même Lavalle qui, quelques jours auparavant, avait fait sauter le beau pont de Pontallier, ayant pris deux paires de bœufs attelés chacune à une charrue, et qui se rendaient paisiblement au labour, pour deux mitrailleuses prussiennes, précédant un corps d'armée considérable. Il perdit ainsi la seule ligne de retraite qui lui restait pour se rendre sur la rive gauche de la Saône, et la possibilité de se réfugier sous les murs d'Auxonne, s'il avait pris la fantaisie à l'ennemi de le déloger de Pontallier et de Lamarche, ce qui lui eût été facile.

(10) L'étape de Longeau à Dôle, restera certainement gravée dans le souvenir des hommes du premier bataillon de Tarn-et-Garonne, qui l'ont faite, comme une des journées les plus dures de la campagne.

Les hommes n'ayant plus ni pain, ni argent, il était pressant, vu la défense d'entrer à Dijon où le corps comptait se ravitailler, de courir au point le plus rapproché, afin de se procurer au plus tôt soit des fonds soit des vivres. Le bataillon revint sur Auxonne ; mais arrivé devant la place le major de la garnison refusa de le recevoir, et fit, lui aussi, dire au commandant qu'il pouvait prendre la direction qu'il lui plairait, n'ayant ni conseils, ni ordres à lui donner.

Mouillés jusqu'aux os, depuis quatre jours, exténués de fatigue et de faim, les hommes durent, après avoir obtenu de la manutention d'Auxonne, et sur d'instantes sollicitations, une demi-ration de pain par tête, prendre le chemin du lieu le moins éloigné où ce pauvre bataillon errant put espérer

Très-légèrement vêtus, très maigrement nourris, d'un continuel service depuis trois jours et par un temps affreux qui ne leur avait pas permis de sécher leurs vêtements; sans souliers, ni guêtres pour la plupart; ces tristes conditions les avaient peu préparés à la marche forcée du 29.

Pendant l'arrêt devant Auxonne, les deux voitures du bataillon avaient été d'autant plus assiégées que l'étape, prévue de la journée, paraissait devoir s'allonger d'un ruban d'une trentaine de kilomètres. En un clin d'œil, les deux carrioles réquisitionnées à Lamarche pour porter les bagages du bataillon et quelques boiteux, s'étaient trouvées chargées à briser les essieux : fiévreux, varioleux, bancroches, paresseux, s'y étaient installés en buisson vivant, qu'une locomotive aurait pu seule faire déraper. Il devint nécessaire de prendre, en dépit des mines allongées, le parti extrême de faire descendre tout le monde, de rechercher les malades sérieux, et de faire suivre à pied, au moins, un certain temps, la petite infirmerie.

(8) Le commandant de la place ne voulant pas même recevoir les malades qui devaient entrer d'urgence à l'hôpital, le docteur du corps reçut l'ordre du commandant de les réunir, de se placer avec eux devant l'entrée principale de la ville, et de rester dans cette position jusqu'à ce que la place, informée de l'éloignement du bataillon et de l'abandon de ses malades, se vit dans l'obligation de lever son inhumaine consigne et de recueillir ces pauvres malheureux.

Le commandant se trouvait au guichet du télégraphe d'Auxonne, attendant le moment où il pourrait prévenir la place de Dôle de l'arrivée de son bataillon dans cette ville, afin que le logement fût préparé, ce qui eut lieu en effet.

« Commandant, lui dit un lieutenant-colonel d'état-major qui attendait aussi son tour pour expédier une dépêche, « de quel corps faisait partie votre bataillon ?

— De celui de Lavalle, mon colonel.

— Mais j'étais le chef d'état-major de ce corps, et je n'ai jamais eu connaissance de votre existence, vous n'êtes pas porté sur mes états.

— Mon bataillon a cependant séjourné trois jours à Lamarche et il était hier à Pontallier.

— Ah ! et vous allez ?

— Je vais à Dôle chercher des ordres et du pain.

— Vous dites donc que vous étiez de notre corps... C'est bien, je vais vous porter sur mon rapport.

d'être enfin accepté, nourri et occupé. Il entra à Dôle à huit heures du soir, après avoir fait 38 kilomètres dans la journée et toujours sous une pluie torrentielle. (11)

Authume
1 novembre
1870

Le surlendemain 1er novembre, le bataillon reçut du général Garibaldi l'ordre de se rendre à Authume, village situé à 3 kilomètres de Dôle ; mais, le même jour, le

---

(11) D'Auxonne à Dôle, le bataillon marcha sous une continuelle nappe d'eau. La nuit qui était survenue, lorsqu'un tiers de la route restait encore à parcourir, était froide et sombre; plusieurs officiers, et ils s'en souviennent, ne purent franchir les derniers kilomètres que soutenus par leurs camarades ou par les hommes de leur compagnie.

Silencieux et mornes, les mobiles marchaient les genoux pliés et en avant traînant leurs pieds au lieu d'en être soutenus ; le corps doublé par l'accablement, la tête baissée pour éviter la pluie qui les aveuglait et fouettait leur visage Le chemin fait ou à faire ne les occupait plus ; ils marchaient ainsi tant que leurs forces ne trahissaient pas leur cœur, et après... ils s'arrêtaient.... le bataillon les perdait de vue ! Et pas une plainte ! pas une récrimination. Oh ! les braves gens ! Donnez à ces soldats, à ces Français, une organisation militaire comme nos ennemis en avaient une alors ; *et Berlin tremblera !*

A quelque distance de la ville, les nombreuses lumières, qui apparurent du haut d'une côte, furent saluées par un hourra général de satisfaction ; mais que ces derniers kilomètres à parcourir étaient longs ! ! Et l'on n'approchait jamais de ces bienheureuses lueurs qui promettaient le repos, la vie, et qui, aperçues d'une distance que l'on n'avait mesurée qu'avec le désir de les rejoindre au plus tôt, semblaient fuir devant les malheureux qui faisaient de suprêmes efforts pour les atteindre.

Enfin, après avoir suivi un interminable faubourg, le bataillon entra dans la ville. Les pas des chevaux, qui étaient en tête, et les conversations qui s'animaient à mesure que l'on approchait du but tant désiré, attirèrent des habitants hors de leur demeure; mais surpris et ne pouvant reconnaître dans les haillons boueux dont les hommes étaient couverts un uniforme français, ils se retiraient précipitamment. ou s'enfuyaient affolés, croyant sans doute à une surprise de l'ennemi favorisée par le mauvais temps.

A mesure que le bataillon pénétrait dans la partie la plus vivante de la ville, il y remarquait un mouvement, une animation extraordinaires : les hôtels paraissaient bondés d'occupants, et les cafés, dont l'éclairage semblait obscurci par l'épaisse atmosphère de l'intérieur, regorgeaient de consommateurs qui devaient être fort bruyants, à en juger par le vacarme qui se répercutait au dehors, et dans lequel on distinguait des cris, des chants, et des disputes ; mais le tout en un langage que l'on ne pouvait préciser, et qui laissait l'esprit dans un étonnement voisin du rêve ou de l'hallucination.

Le mot de l'énigme fût donné par un groupe de musiciens auprès duquel le bataillon passa, et qu'il reconnût appartenir au corps des garibaldiens, au costume dont ils étaient accoutrés, et à la fameuse marche, dite de Garibaldi, qu'ils jouaient avec acharnement, contre vents et marée.

L'étonnement se transforma en une pénible déception quand le bataillon apprit du commandant de place garibaldien, qui le reçut à son arrivée sur la place d'armes, qu'il venait de tomber en pleine administration garibaldienne.

Les malheureux hommes, raidis par la fatigue, furent logés dans les écuries d'un quartier de cavalerie, où ils ne trouvèrent que quelques brins de paille sur laquelle ils s'endormirent comme sur le meilleur des sommiers, mais obligés de conserver leurs habits mouillés depuis quatre jours. D'autres moins heu-

commandant fit observer au général que le séjour de ses hommes dans ce petit hameau n'était pas possible, vu le manque de boulangers et de bouchers, vu surtout l'inexactitude que semblait mettre l'intendance de son armée dans les distributions de pain et de viande. Déjà, à la première distribution, 346 rations ayant manqué. Sur ces

reux encore, furent parqués dans une église, où ils n'eurent pour reposer leurs membres brisés et gelés, que la ressource de s'allonger sur la dalle froide et humide, sans une planche pour reposer ou isoler leurs têtes ; ou de s'aligner assis, en lambri vivant, le long des murs salpêtreux du viel édifice.

Ce fût à l'état-major de Garibaldi, généralissime des troupes italiennes et Françaises qui se trouvaient alors dans le Jura, que le commandant du Tarn-et-Garonne dût s'adresser, pour rendre compte de sa venue, et demander un cantonnement où ses hommes pussent enfin se sécher, se délivrer de la boue et de la vermine qui commençait à les envahir, décharger et nettoyer leurs fusils rongés de rouille, et complètement hors de service : la poudre de la charge d'abord mouillée, puis séchée, ne formait plus dans le canon qu'un mastic très-dur, dans lequel la balle était si solidement enchassée que les griffes du tireballe ne pouvaient l'en arracher.

Le commandant fût reçu par le colonel Bordone qui lui promit monts et merveilles : souliers, guêtres, pantalons, chassepots, etc, etc, et cela dans les quarante-huit heures. « Ce n'est pas ici, comme dans votre administration fran-« çaise, dit-il, en deux jours nous transformons les corps » et prenant la carte du Jura : « Allez à Ménotey, vous y serez tranquille pendant quelques jours, et « je vous y enverrai tout ce dont vous aurez besoin.

« Vous m'en laisserez la note la plus détaillée. »

L'ordre de marche fut aussitôt établi, signé et remis.

— A propos, dit le colonel, vous avez peut-être besoin d'argent pour votre bataillon ?

— Certainement, mon colonel.

— Combien ? dites le vite.

— Mais je ne puis le savoir au juste maintenant ; cette nuit, je ferai établir les états de solde, qui vous seront soumis demain avant le départ.

— Mais non, mon cher commandant, comme je vous l'ai déjà dit, nous n'avons pas besoin de toutes ces formalités, nous. Vous n'avez pas affaire ici à vos intendants français, qui demandent à être noyés dans une mer de paperasses, avant de se décider à lâcher un sou. Voulez-vous deux mille, trois mille francs ? parlez vite. Devant cette insistance, tout scrupule disparaissait, j'acceptai donc 2,000 fr.

Le colonel chercha dans la poche de son pantalon et en sortit un rouleau de mille francs. D'autres fouilles dans les poches du gilet donnèrent trois cents francs — Dis-donc, Frapponi, sais-tu, où nous avons encore de l'argent ? — Je crois, dit ce dernier, qu'il y en a encore, quelque peu dans le deuxième tiroir de gauche du secrétaire — En effet, vingt louis en sortirent ; et toi, en sais-tu ? dit-il, à un petit jeune homme qui écrivait sur un coin de la grande table où ces MM. de l'état-major expédiaient les affaires, l'un en déjeunant, un autre en fredonnant une canzone, et pinçant une règle qu'il tenait sentimentalement en guise de guitare. La réponse ayant été négative, une nouvelle recherche fut faite dans le secrétaire qui fournit le complément de la somme promise.

Un tel, dit Bordone au chanteur, tu vas aller au plus tôt chez le receveur général et tu lui diras qu'il me faut 50,000 fr.

— Mais il m'a dit dans la journée qu'il n'avait plus un liard, dit le chanteur

observations (12), Tarn-et-Garonne dût partir le lendemain matin pour Poligny.

Poligny
2 novembre
1870

Transporté par voie ferrée, il arriva dans cette ville dans

mécontent d'avoir été interrompu. — Il me les faut demain matin, insista Bordone, *ou nous lui chambarderons sa boutique.*

Les 2,000 fr. empochés, le Commandant était sorti de la sous-préfecture qu'occupait le comité Garibaldien, lorsqu'il se souvint qu'il n'avait pas donné de reçu pour la somme si gracieusement avancée :

Mille pardons, mon colonel, mais j'ai oublié de vous remettre le reçu de la somme que...

— Allez, allez, ce n'est pas la peine, nous compterons plus tard ; nous sommes pressés.

L'invitation de se retirer était formelle, cependant le reçu fut remis.

Aussitôt dans la rue , le commandant voulant connaître la route qu'il aurait à prendre le lendemain, pour se rendre au cantonnement qui venait de lui être désigné, arrêta un bourgeois et l'interrogea. — « Mais ce n'est pas possible, dit celui-ci étonné, ou s'est trompé, ce village est occupé par l'ennemi depuis 48 heures et l'état-major des garibaldiens qui était en arrière à Gredisans, a lui-même rétrogradé, et se trouve aujourd'hui à Archelange.

C'en était assez, les escaliers de la sous-préfecture furent bientôt remontés, et le rouge aux tempes le commandant demanda à Bordone s'il se moquait de lui et de son bataillon pour l'envoyer si légèrement dans la gueule du loup. Le jeu de la fourchette et de la guitare en fût suspendu. L'erreur fut bientôt reconnue, et Authume, petit hameau situé à trois kilomètres de Dôle, dût recevoir le bataillon dans l'après-midi du lendemain.

(12) L'intendance garibaldienne était chargée de faire parvenir aux cantonnements, qui avoisinaient Dôle, la viande et le pain que les corps ne pouvaient se procurer sur place. A la première distribution faite au Tarn-et-Garonne, on constata que 346 rations de pain manquaient. Le commandant et les capitaines des première et troisième compagnies se rendirent à Dôle, le premier, pour réclamer le pain manquant, et les autres officiers, pour conduire à l'hôpital quelques hommes malades ; entr'autres, deux varioleux que l'on avait fait sortir du rang au dernier appel, ayant les mains et la figure couvertes de boutons.

Les malades furent promptement casés, mais la deuxième cause de déplacement, c'est-à-dire, la réclamation relative au pain manquant à la distribution du jour donna lieu à plus de difficultés et aboutit après maintes recherches et de longs pourparlers avec ses hauts dignitaires de l'administration italienne à un *non habemus* qui eût sans doute un douloureux écho aux parois de nombreux estomacs du bataillon.

Mais je vous offre une riche compensation aux quelques pains que vous me réclamez, dit Bordone. Vous avez pu voir en traversant la cour de la sous-préfecture, 4 ou 5 charretées de viande qui sont rentrées n'ayant pu découvrir les corps auxquels elles étaient dévolues ; soit qu'ils aient changé de cantonnement sans nous en prévenir, ou quitté la région sans ordres. Bref, cette viande est là. Eh bien prenez en ce que vous voudrez : deux ou trois voitures ; Etes-vous satisfait ? Vous voyez, si nous faisons grandement les choses ici.

Ces messieurs apprenant que Garibaldi se trouvait dans le moment à la gare, avec tout son état-major, s'y rendirent, et furent témoins du défilé d'un bataillon de mobiles devant le commandant supérieur des forces du Jura.

Entouré d'un état-major nombreux et splendide, soit sous le rapport de la richesse du costume, auquel on pouvait cependant reprocher d'être trop théâtral, soit au point de vue de la distinction physique. Le général italien, mis lui-même avec une élégante recherche, ressortait du milieu de son brillant en-

l'après-midi. Les hommes furent heureux des quelques jours
de repos qu'ils y trouvèrent et conserveront toujours
la douce souvenance de la bienveillante et généreuse hospi-

tourage par le contraste du calme que respirait toute sa personne, avec l'agitation
fiévreuse de l'ardente jeunesse qui l'entourait.

Il était vêtu de la fameuse chemise rouge que l'on jugeait être taillée dans
l'étoffe la plus fine, et portait, jeté sur ses épaules, un manteau gris-perle du
plus beau drap et de la plus gracieuse coupe. Un foulard rouge à bouts flottants
était noué négligemment autour de son cou et faisait ressortir la blancheur de
sa barbe et de sa chevelure. L'ensemble de sa physionomie respirait le calme,
la bonté ; type très-sympathique, mal rendu par les photographies, grandes et
petites, parues jusqu'à ce jour, au moins en France, et qui veulent absolument,
substituer, à la douceur naturelle de ses traits le masque féroce du plus vul-
gaire brigand des Abruzzes.

Mais où le décor tournait tout-à-fait au grotesque, c'était pendant le défilé :
Un officier de l'état-major placé à la gauche du grand chef, tenait majestueuse-
ment des deux mains, le pommeau à hauteur du menton et la pointe en l'air
la vaillante épée de son général, ainsi qu'autrefois, aux grandes assemblées te-
nues par les rois de France, le connétable placé en avant du trône présentait so-
lennellement la grande épée de justice.

A vingt pas, vers la gauche, d'où venaient les mobiles qui défilaient, deux par
deux, pour faire sans doute, durer plus longtemps cette solennelle comédie, un
officier Italien criait à pleins poumons : « *Gridu, ev, ev, eviva Garibaldi ! ev, ev,
eviva la liberta !* » Et les pauvres mobiles, qui débarquaient ce jour même à
Dôle, ne sachant ce qu'on leur demandait en un pareil langage, défilaient devant l'Illustrissime généralissime en lui présentant leur arme, la crosse appuyée sur le ventre, le bout du canon à un grand mètre en avant, muets, la
tête basse et regardant avec persistance le bout de leurs souliers. Quelques-
uns cependant moins timides, plus malins, ou plus convaincus, poussaient de
temps à autre un *ev eviva à toute gueule*, qui faisait d'autant plus ressortir les
longues lacunes dans l'enthousiasme réclamé. Quelques réactionnaires coupables
voulaient bien protester en disant un timide : « Vive la France » mais cet hon-
nête cri du cœur était si craintif, si étouffé, qu'il n'était que d'un bien petit
effet.

Le commandant du Tarn-et-Garonne se trouvait encore au comité garibaldien,
quand une alerte survint à Authume, et mit le bataillon en émoi. Sur les sept
à huit heures du soir, quelques Francs-tireurs qui étaient postés dans les bois,
situés à quelques kilomètres au nord de ce village, vinrent tout effarés, prévenir que les prussiens s'avançaient en grand nombre et qu'il était urgent,
comme poste avancé de Dôle, de prendre immédiatement toutes les dispositions
nécessaires pour opposer la défense la plus énergique. Cette nouvelle était
corroborée par l'affirmation d'un garde-général des forêts revenant, disait-il,
des lieux envahis.

Le bataillon et une compagnie des francs-tireurs du Rhône, furent immédiatement établis en de bons postes de défense et d'observation· Un sous-officier
alla en toute hâte à Dôle prévenir le Commandant qui amena le sergent au général et lui fit narrer le motif de sa venue, les inquiétudes données et les dispositions prises. Garibaldi recommanda la plus grande vigilance, mais il
restait lui-même en méfiance contre ces bruits qui ne devaient, dit-il, avoir
aucun fondement ; la brigade Ménotti, postée à Archelange, bien en avant des
bois d'où étaient sortis les francs-tireurs, n'avait encore annoncé aucun mouvement de l'ennemi.

L'alerte était fausse en effet. Après une nuit, passée dans la boue jusqu'au genoux à attendre les Prussiens avec des fusils dont la crosse eut pu seule être

talité qu'ils y reçurent. De nombreux malades que traînait encore le bataillon purent entrer à l'hôpital du lieu. (13)

Aussitôt les hommes reposés, le chef de bataillon s'em-

utilisée, le bataillon revint à Dôle et fût embarqué le lendemain dans la matinée à destination de Poligny.

Adieu donc aux généreuses promesses de Bordone dont la réalisation devait, avait-il promis, rendre Tarn-et-Garonne le plus beau bataillon de la République. Tout pesé, il jugea sans doute que ce corps était trop besogneux, et qu'il valait mieux réserver ses largesses pour les patriotes qui arrivaient tous les jours, d'Italie, d'Espagne, de Hongrie et d'Egypte, en savates et en haillons, et qu'il pouvait, le lendemain, richement armer et équiper, au compte de la France, dont les vaillants enfants se mouraient sur les grandes routes, faute de vêtements et de nourriture.

Il est permis de croire encore, que le chef d'état-major Garibaldien, avec l'intelligence qu'il serait injuste de ne pas lui reconnaître, avait jugé promptement le personnel de ce bataillon dénué des qualités morales voulues, pour être d'un grand secours dans l'œuvre du pillage des églises et de l'arrestation des prêtres.

(13) Le bataillon entra dans la jolie ville de Poligny avec la joie que doivent éprouver les caravanes qui, à fin de lutte et après avoir souffert toutes les misères qu'entraîne la traversée des sables brûlants du Sahara, abordent enfin dans une verte oasis dont la puissante végétation leur promet de l'ombre, de l'eau et du repos. Seulement, dans la Côte-d'Or et le Jura, ce n'était pas d'une inondation de soleil dont le bataillon avait eu à souffrir.

A la descente du chemin de fer, les hommes, se sentant dégagés pour quelques jours des services de nuit, des grand-gardes, des reconnaissances, toujours dans la pluie ou dans la boue, retrouvèrent leur moral et leur gaîté, avec le soleil qui, par extraordinaire, était d'escorte ce jour là. Presque tous traînaient la savate, et leurs vêtements, recouverts de plusieurs couches de boue, les auraient fait prendre pour des bandits, sans leurs honnêtes et bonnes figures, qui venaient donner un prompt démenti à cette injuste appréciation. Heureux de se sentir renaître, ils mirent une certaine coquetterie dans leur ordre de marche ; le pas relevé et la tête haute, ils entrèrent dans la ville, fiers comme de vieux troupiers. En effet, les quelques jours déjà durs où ils s'étaient trouvés en permanence devant l'ennemi les avaient aguerris, et ils allaient avec bonheur prendre les moments de repos qui leur étaient promis, et qu'ils avaient bien gagnés.

L'analogie existant entre les montagnes, aux pieds desquelles est bâtie la jolie ville de Poligny et celles, bien connues de tout le bataillon, qui se dressent au delà de l'Aveyron et dominent Saint-Antonin, fut pendant le trajet de la gare à la ville, un sujet de conversation qui devint général. On n'entendait d'un bout à l'autre de la colonne que ces mots : « Té, és Saint-Antouni, agatso Saint-Antouni, bésés lou roc d'Anglar ? Oï ! qué rétiplo Saint-Antouni ! » Aussi, ces rochers dans l'aspect desquels bon nombre retrouvèrent sans doute de doux souvenirs, les attirèrent-ils, comme si réellement, c'étaient ceux aux pieds desquels ils étaient nés, qu'ils n'avaient perdu de vue que le cœur brisé, et qui gardaient sous leur ombre bienfaisante toutes leurs affections et toutes leurs espérances.

Le logement fait, oubliant tout, faim, fatigue, misère, un tiers du bataillon s'élança sur les cimes abruptes qui se dressent de cinq cents pieds audessus de la ville.

Une autre jouissance, mais plus positive, était assurée à tous : le bataillon était logé chez l'habitant ; chacun eût donc la délicieuse perspective d'une satisfaction que beaucoup n'avaient plus connue depuis le jour de la mobilisation du corps, celle de pouvoir se dévêtir pour dormir, et, si les mobiles des monta-

pressa d'adresser au général commandant la 7me division militaire, la demande pressante et motivée de voir incorporer ses hommes dans une division, ou une armée sérieuse, désirant les soustraire aux colonels et généraux d'occasion, sous le commandement desquels le hasard pouvait les envoyer encore et dont ils venaient de faire, depuis quelques jours, la trop dure épreuve.

Trente six heures après, le 5, le général Michel ordonnait à Tarn-et-Garonne de quitter Poligny (14) pour se rendre à Busy (Doubs).

La route se fit par étapes. Le premier gîte fut à Port-Lesney.

Port-Lesney
5 novembre
1870

Le lendemain 6 novembre le bataillon était à quelques centaines de mètres de sa destination, lorsque le capitaine de vaisseau Rolland qui commandait une brigade active de la division, conseilla au commandant — sans toutefois lui rien enjoindre — de conduire et loger ses hommes en tout autre lieu que Busy, ce village étant occupé par un bataillon des mobiles du Doubs, (commandant d'Ollone), qu'il avait sous ses ordres. Il fallut donc courir encore à l'aventure et attendre de nouveaux ordres de la division.

Les villages de Charney, Chennecey, et le hameau de Gse-Gauthier qui se trouvaient non loin de là, reçurent et logèrent le bataillon le soir même.

Charney
Chennecey
G^e-Gauthier
6 novembre
1870
Busy
Vorges
8 novembre
1870

Le 8 à 9 heures du matin, le bataillon se mit en marche pour aller se cantonner à Saint-Claude, ainsi que l'ordre lui en était parvenu la veille au soir. Mais, arrivé à mi-étape, il fut croisé par les colonnes de la 1re armée dite de l'Est, (général en chef Michel) qui se dirigeait vers Quingey et devait opérer dans la forêt de Chaux, où les prussiens, disait-on, se massaient en grand nombre.

---

gnes rocheuses de Saint-Antonin, Bruniquel, Caylus, Laguépie, etc, gravirent avec empressement les flancs escarpés des monts, ceux de la plaine allèrent goûter immédiatement le bonheur ineffable d'un repos pris dans des conditions si exceptionnellement confortables.

(14) Au moment du départ du bataillon, le commandant reçut du maire de Poligny la lettre suivante.

    Commandant,

Votre bataillon emportera les sympathies et les regrets de notre population. Le premier bataillon de la garde mobile de Tarn-et-Garonne pendant son trop court séjour à Poligny, a montré des vertus civiques et militaires qui lui assu-

Par ordre du commandant en chef de cette armée, le bataillon s'arrêta pour laisser circuler plus librement les 20,000 hommes dont elle se composait. (15)

Tarn-et-Garonne attendait avec impatience la fin du défilé auquel il assistait depuis deux heures, lorsqu'une ordonnance, venant de Besançon, remit au commandant un ordre de la division qui changeait encore une fois le lieu de sa destination et l'envoyait s'établir aux villages de Busy et

reront le succès dans les épreuves que lui réserve la défense de notre chère patrie.

Agréez, Commandant, l'assurance de ma considération la plus distinguée,
Le maire, E. SEJEROT.

Cette lettre lue au bataillon, lors de l'assemblée pour le départ, excita des transports d'enthousiasme, qui étaient d'autant plus sincères que chacun avait trouvé, dans la famille qui l'avait reçu, l'accueil le plus empressé et l'hospitalité la plus généreuse.

Aux mille cris de : Vive Poligny ! qui retentirent dans les rangs, la population répondit par celui de : Vive la mobile de Tarn-et-Garonne ! Les souhaits, les adieux étaient touchants, prolongés, et la marche dans la ville ne fut qu'une traînée de poignées de main.

(15) Le général Torthon qui commandait une brigade de la division Crouzat, reconnut le commandant du bataillon de Tarn-et-Garonne.

— Eh ! bonjour, mon cher de Layrolles, que faites vous donc ici ?

— A peu près ce que vous y faites, mon général : seulement vous marchez vers l'Ouest et moi vers l'Est.

— Tenez, franchement, j'aimerais mieux vous rencontrer au café Anglais.

— J'ai l'avantage, mon Général, de partager complètement votre manière de voir.

— A propos, j'ai eu hier la velléité de vous demander avec votre bataillon pour marcher avec moi, sachant que vous arriviez à Besançon ; mais on m'a dit que vous faisiez partie, avec un bataillon des Hautes-Alpes et un autre de je ne sais plus où, de la brigade dite des *misérables*, c'est-à-dire, que vous n'aviez ni souliers, ni marmites, ni armes ; trois choses sans lesquelles nul ne peut faire la guerre et je vous ai abandonné à votre malheureux sort. Allez, allez, mon cher ami, faites vous équiper et armer et alors vous serez bon à quelque chose. Je vous avertis seulement, qu'il n'y a plus rien à Besançon, nous avons dévalisé tous les magasins.

Huit ou dix jours de plus à Montauban et le bataillon à peu près équipé (l'intendance de la division, à Toulouse, l'ayant formellement promis) entrait immédiatement dans l'armée de la Loire qu'il ne quittait pas.

Huit ou dix jours de plus à Châteauroux, et ce même bataillon, équipé par les magasins de la 15e division. (Intendant-Robert) et au moyen des marchés passés par le conseil éventuel du corps et les envois d'effets de son département, évitait toutes les marches et contre-marches qu'il a faites dans la Côte-d'Or et le Jura et qui n'ont eu d'autres résultats que de lui faire peupler tous les établissements hospitaliers de chaque étape ; il était encore incorporé dans l'armée de la Loire, où ses riches éléments, son dévouement et son patriotisme eussent été utilisés sans retard, avec plus de profit pour le pays, plus de gloire pour lui-même, et, peut-être, sans plus de sacrifices que ne lui en a coûté la désastreuse campagne de Belfort, pour laquelle enfin il a pu être complètement équipé, et où on ne lui a demandé que de suivre, et de mourir de froid et de faim.

Vorges pour y être employé à la construction des fortifications passagères dont la capitale du Doubs voulait s'entourer, ou pour augmenter le relief de celles déjà existantes. Le bataillon fut installé dans ces deux cantonnements vers deux heures de l'après-midi. Il se trouva dès lors placé sous les ordres du général Rolland.

Le bataillon du Doubs, que Tarn-et-Garonne venait de remplacer, avait obtenu l'autorisation de rentrer à Besançon, avantage que Tarn-et-Garonne se promit de réclamer aussi sans tarder, vu le besoin si urgent qu'avaient les hommes d'être enfin équipés et plus chaudement habillés, en raison du froid déjà si vif et des services plus actifs encore auxquels ils pouvaient être appelés, d'un jour à l'autre.

L'ingénieur civil et les agents-voyers, chargés de diriger les travaux de terrassement sur ce point, attestant qu'un effectif de travailleurs aussi considérable leur était complétement inutile, un rapport détaillé sur l'état de fatigue et de misère dans lequel se trouvait le bataillon fut adressé au général commandant la division avec demande de faire entrer dans Besançon les compagnies de ce corps qui ne seraient pas jugées nécessaires à Busy.

Le général de Prémoröille, faisant droit à cette juste demande, donna l'ordre de rappeler immédiatement dans la place, les 3e, 4e, 5e, 6e, 7e, compagnies et promit de vêtir, équiper et armer les mobiles de Tarn-et-Garonne aussitôt qu'il serait possible. Besançon
11 novem.
bre 1860

Le fort Griffon leur fut désigné comme casernement.

Dès ce jour, le 1er bataillon de Tarn-et-Garonne compta au nombre des corps formant la garnison de Besançon.

Le séjour des compagnies dans cette ville, fut mis très sérieusement à profit pour continuer leur instruction sur le service intérieur, le service des places et pourvoir à leur habillement et à leur équipement. Des théories journalières, faites par MM. les officiers, occupèrent utilement les hommes qui n'étaient pas employés aux services et aux travaux de défense. Bientôt le bataillon ne fut plus reconnaissable ; vêtu, chaussé, équipé, il était entièrement régénéré. Mais ce qui devait compléter cette bien heureuse transformation, en doublant immédiatement la valeur morale de chaque homme, ce fut l'échange du mauvais fusil dont il était armé contre le chassepot, modèle de 1866.

Cette arme, que les mobiles désiraient depuis longtemps, fut reçue avec joie, et entretenue par chacun avec des soins presque affectueux (16), continués dans la suite, même pendant les jours si durs et si difficiles qu'il fallut traverser. Ce fait, honorable pour le bataillon, est constaté, en termes très élogieux, dans le procès-verbal d'inspection et de réception, dressé le 16 mars 1871, et adressé au ministère de la guerre par le capitaine d'artillerie, chargé de recevoir les armes des corps licenciés; il mentionne expressément que : « De tous les corps de la ligne et de la mobile qu'il a ins- « pectés, et dont il a reçu les armes, le 1er bataillon de Tarn- « et-Garonne est celui qui les a remises dans le meilleur « état de propreté et de conservation.

Tilleroyes
2 décembre
1870 Les 7 compagnies alternèrent pour le service de Busy, Vorges et plus tard Thoraise, jusqu'au 2 décembre; jour, où celles casernées au fort Griffon, reçurent l'ordre de quitter Besançon et de s'établir en cantonnement aux Tilleroyes; semis d'habitations situé à trois kilomètres, ouest de la ville.

Le bataillon s'installa par groupe d'escouades ou de compagnies dans des fermes et maisons isolées, avec mission d'éclairer le pays en avant de l'Ognon, rivière qui longe le département du Doubs et lui sert de limite depuis Rougemont jusqu'à Chervey.

L'ennemi, qui avait établi un très-fort cordon de correspondance entre Vesoul et Dijon, par Gray et Mirebeau, avait à Rios, Gy et Pesmes des postes avancés d'un effectif assez considérable pour assurer le service des réquisitions journalières et fournir des colonnes mobiles chargées de surveiller la garnison de Besançon.

Les compagnies qui quittaient le fort Griffon furent conduites sur le lieu où elles devaient s'établir en dehors de la

---

(16) Le commandant marchait à quelques pas en arrière du bataillon qui se rendait aux Tilleroyes, lorsqu'il vit rétrograder en toute hâte un mobile appartenant aux premières files de la tête, qui, après s'être arrêté en dehors de la colonne, avait rejoint sa compagnie, oubliant son chassepot contre le talus du chemin : « Paouré amic, dit-il, en retrouvant son arme, t'emblidabé : Aïmi pla « ma fenno ; mais pel moument, crezé bè, qué t'aïmi tant qu'ello. »

Place, par le lieutenant colonel de l'Estoile. Cet officier supérieur rapporta au commandant du bataillon certains bruits, parvenus ce jour même à l'état-major de la division, qui faisaient craindre pour la nuit une nouvelle tentative de la part du corps en opposition duquel Tarn-et-Garonne était placé, sur les routes d'Emagny et de Marney, pour se rapprocher de plus en plus de Besançon.

Il fallut donc, aussitôt arrivé au gîte, s'établir en état de défense, placer grand-garde et petits postes sur le Mont-Buscon, position très-avantageuse en avant de la Place et que Tarn-et-Garonne eût mission de défendre en cas d'attaque. (17) (18).

Le 1ᵉʳ bataillon de Tarn-et-Garonne entrait donc de nouveau sérieusement en campagne; mais dans des conditions bien meilleures qu'à son début dans la Côte-d'Or et le Jura. On pouvait dès lors compter sérieusement sur lui, d'autant plus que son effectif de départ venait de lui être rendu par

(17) Le 8 décembre, le bataillon eût une bien agréable surprise. Deux délégués de la société de secours aux blessés, messieurs les docteurs Guiraud et Alibert arrivèrent aux Tilleroyes. Par leur bonne entremise, chacun reçut des siens, souvenirs, lettres, nouvelles. Ce fut une vraie fête ; aussi les mains de ces bons messagers furent-elles serrées avec la plus fraternelle cordialité. Le bataillon se mit coquettement en frais, et pour rendre le plus d'honneur à ces obligeants et courageux compatriotes, il se réunit en armes sur le lieu habituel de ses manœuvres malgré les quarante centimètres de neige qui couvraient le sol, fut formé en carré, et après avoir salué et remercié ces bons envoyés par l'organe de son chef, il écouta et reçut avec attendrissement les souhaits et les encouragements que lui adressait le pays, dont le docteur Guiraud fut l'éloquent et bien sympathique interprète. Ses dernières paroles firent éclater de nombreux vivats, de cordiales acclamations, qui s'adressaient au département de Tarn-et-Garonne dont la généreuse sollicitude suivait toujours ses enfants de ses vœux et de ses dons ; à la vigilante, active et si intelligente prévoyance du comité organisateur des secours : et surtout aux diverses sociétés des Dames ouvrières de l'arrondissement de Montauban, dont l'inépuisable charité et l'infatigable travail procurèrent, en si peu de temps, aux pauvres mobiles qui grelottaient nuit et jour sous l'inqualifiable pelure, fournie par l'administration départementale, de bons et hygiéniques vêtements auxquels certainement beaucoup doivent la vie.

(18) Le 15 décembre, Monsieur l'abbé d'Audiffret rajoignit le bataillon auquel le pieux intérêt du clergé Montalbanais l'attachait comme aumônier.

Ce bon prêtre qui joint à tous les charmes de l'esprit le plus cultivé, le plus ardent désir de faire le bien, suivit le corps étape par étape pendant toute la durée de la campagne de l'Est, malgré le mauvais état de sa santé et les très-insuffisantes conditions d'équipement dans lesquelles il se trouvait, avec une énergie et un courage qui furent souvent d'un bien bon exemple pour les faibles et les découragés. Il se montra pour tous, pendant son séjour au bataillon, le meilleur des pères, l'ami le plus dévoué, le serviteur le plus empressé.

la rentrée des malades laissés à Châteauroux, Dôle et Poligny.

Une seule partie de son instruction était encore très-incomplète, l'arme si précieuse, mais si délicate, qu'il venait de recevoir, et qu'il ne suffisait pas d'accueillir avec plaisir pour savoir s'en servir avec profit lui était encore inconnue. Depuis trois jours, une partie du bataillon en était armée; mais les travaux de la Place et l'installation aux Tilleroyes n'avaient pas encore permis d'en commencer l'étude. Aussi, la préoccupation fût-elle grande et l'attention soutenue à l'instruction pratique faite par les capitaines à leurs compagnies durant une partie de cette première nuit d'installation. L'Etat-major ayant expressément recommandé de redoubler de vigilance; parce qu'il était plus que certain que le bataillon serait attaqué.

Ce fut donc à la lueur des flambeaux dans des granges, sous des hangars, dans des écuries et à quelques pas de l'ennemi que les hommes reçurent les premières notions du maniement de leur nouvelle arme.

Du reste, les progrès furent rapides ; le lendemain, les hommes manœuvraient leur chassepot comme s'ils n'avaient jamais eu d'autres fusils.

La connaissance de la hausse et surtout son application laissèrent cependant toujours à désirer. Cette étude si minutieuse aurait demandé des théories incessantes et une pratique suivie, afin de bien prouver à l'homme que sa nouvelle arme n'était plus cette carabine dont il se servait avec tant d'adresse chez lui, vis-à-vis d'un lapin ou d'un canard sauvage.

Malheureusement, le temps et les cartouches manquaient pour la théorie et la pratique ; et le bataillon resta, malgré l'excessive bonne volonté de tous, dans cette trop générale condition des corps de récente formation, qui avaient en main une arme merveilleuse dont ils ne surent, ou n'auraient su, à l'occasion, utiliser toute la valeur.

Malgré le froid le plus vif et une neige constante, le bataillon, soit en corps, soit par fractions, surveillait, par des reconnaissances incessantes, les routes de Marney et d'Emagny.

Les prussiens, fortement retranchés à Gray avec de l'artillerie légère, faisaient rayonner sur tous les environs de cette ville des colonnes de ravitaillement, qui n'allaient jamais au delà de l'Ognon. Cette rivière était pour eux une limite à garder, mais non à franchir, tant qu'ils n'auraient point affamé entièrement la contrée dans laquelle ils opéraient.

Quant à Besançon, le corps de troupes, qui s'organisait dans ses murs afin de remplacer les régiments partis avec le général Michel, n'était pas assez considérable et se trouvait surtout trop pauvre en artillerie, pour attaquer les prussiens à Gray et Pesmes, et s'établir en force sur ces deux points. La place ne portait donc pas non plus ses troupes au delà de l'Ognon, trop heureuse du temps que l'ennemi lui donnait avant de l'assiéger, pour établir les nouvelles fortifications dont elle avait un si grand besoin d'être pourvue, surtout à l'Ouest.

Ainsi, semblait-on, de part et d'autre, vouloir éviter par un accord tacite, toute rencontre sérieuse.

Malgré ces suppositions, qui ne laissaient, du reste, qu'une quiétude relative, l'ennemi poussait de temps en temps vers Besançon certaines pointes, qui tenaient le bataillon de Tarn-et-Garonne, placé en vedette, continuellement en éveil, en marches et en reconnaissances. Après une de ces démonstrations plus marquées que les précédentes, un redoublement de précautions et de surveillance fut ordonné. Les deux merveilleux écrans, parallèles aux crêtes abruptes qui coupent transversalement les plaines de Pirey et de Pouilley-les-Vignes, et commandent les chemins d'Emagny et de Marney à Besançon, furent occupés, jour et nuit, par des grand-gardes fournis par Tarn-et-Garonne, comme premiers brisants, en arrière de l'Ognon et en avant de Besançon, où toute colonne ennemie devait être arrêtée : poste de très haute importance, que le chef d'état-major de la division donnait, disait-il, en l'y plaçant, au bataillon de Tarn-et-Garonne « avec la plus grande confiance : » — Les chemins de grande communication par lesquelles l'artillerie eût pu arriver furent aux deux tiers coupés, et ne laissèrent plus passer que quelques traînaux étroits et les piétons.

Les alertes permanentes, les grand-gardes toujours dans la neige, sans abri, sans tentes et par un froid de 14 à 18 degrés, les patrouilles continuelles, les reconnaissances journalières sur un rayon de 13 à 15 kilomètres, avaient fini par harasser le bataillon. Son effectif commençait à s'en ressentir et depuis la sortie de la place une centaine d'hommes étaient entrés à l'hôpital de Besançon ou à l'ambulance de Saint-Farjeux.

Tous ces travaux exécutés pour ainsi dire sur pivot fixe sans variation, presque sans utilité, sans gloire, finissaient par atteindre le moral des hommes. Le commandant du bataillon adressa alors à la division une demande de marche qui n'aboutit point; mais il ne perdit pas l'espoir de voir son bataillon relevé d'un aussi dur service, M. le lieutenant Colonel de Bigot, chef d'état-major de la 7e division militaire ayant promis de le placer dans une division de l'armée de l'Est (Bourbaki) alors en formation.

En effet, le 4 janvier 1871, à dix heures du matin, le bataillon reçut l'ordre d'être rendu à 2 heures à la gare de Besançon pour y être embarqué à destination de Beaume-les-Dames.

DEUXIÈME PARTIE

CAMPAGNE DE L'EST

SAINT-CLAUDE, BEAUME-LES-DAMES, AUTECHAUX, LUXIOL,
VERNE, TUILERIE, FONTENELLE, GRAMMONT, ONANS,
ARCEY, BIVOUAC-D'ISSANS, CLAIRVAL, ANTEUIL, SERVIN,
VERCEL, NODS, AUBONNE, OYE, GELLIN, CHAUXNEUVE,
MOREZ, LAVATAY, GEX-LA-VILLE, COLLONGES,
BELLEGARDE, BISSY, LAMOTHE-SERVOLEX, ANNECY,
RUMILLY, AIX-LES-BAINS, SAINT-PIERRE-D'ALBIGNY,
MONMÉLIAN.

Par suite de l'encombrement qui se produisit dès le début, dans la mise en marche des corps partant de Besançon et destinés à faire partie de l'armée de l'Est, l'ordre d'embarquement du bataillon de Tarn-et-Garonne ne put recevoir son exécution. Après une attente de quatre heures devant la gare et par une température glaciale, on remit le départ au lendemain 5 ; le bataillon conduit à Saint-Claude, y fut logé par réquisition. *(St-Claude 4 janvier 1871)*

Embarqué sur deux trains qui partirent à trois heures d'intervalle, le bataillon était réuni à Baume-les-Dames à six heures du soir. *(Baume-les-Dames 5 janvier 1871)*

Le bataillon comptait au :

1er régiment de marche, commandant, lieutenant-colonel d'Ollone.

1re brigade, commandant, lieutenant-colonel Devaux de Liffe du 63e de marche.

1re division, commandant, D'Ariés, général de division.

3

24e corps, commandant, Bressolles, général de division, commandant du corps d'armée.

Armée de l'Est, commandant en chef, Bourbaki, général de division.

Autechaux
Luxiol
Verne
Tuilerie
5 janvier
1871

Aussitôt débarqué, Tarn-et-Garonne dût continuer à pied sa marche vers le Nord, et s'établir dans les lieux suivants :

Autechaux   1re et 2e compagnies, état-major,

Luxiol,   3e, 5e et 6e compagnies,

Tuilerie,   4e compagnie,

Verne,   7e compagnie, et 60 hommes de la 6e.

Ces détachements ne furent rendus sur le point qui leur était assigné que vers les neuf heures du soir. Il était prescrit à chacun de ces postes de se garder avec la plus grande vigilance, le bataillon étant placé en avant-garde du 24e corps. Le détachement de Verne considéré comme le point le plus avancé, devait avoir, jour et nuit, la moitié de ces hommes en reconnaissance ou grand-garde et les autres détachements se tenir sur un continuel qui vive. Un temps glacial et la neige qui ne cessa de tomber à gros flocons, rendirent le service de cette première étape d'une dûreté extrême.

A Autechaux, le mobile Gabens de la 1re compagnie, qui rentrait d'une reconnaissance faite dans les bois situés au sud du village, tomba mort d'une congélation générale spontanée.

C'est au sortir de Baume, en haut de la côte par laquelle on se rend à Autechaux, que le 1er de Tarn-et-Garonne rencontra pour la première fois le 2e de la Haute-Garonne (Muret, commandant Leblanc,) avec lequel il était enrégimenté depuis la formation de l'armée de l'Est, et dont il ne devait plus se séparer jusqu'au licenciement.

Fontenelle
8 janvier
1861

Le 7 au soir, le bataillon reçut l'ordre de se concentrer sur Autechaux, et de prendre, le 8 au matin, la gauche de la division qui devait se porter de Baume à Rougemont.

Au moment où il prenait sa place dans la colonne, le général prévint le commandant que l'ordre de marche était modifié en ce qui le concernait ; son bataillon, chargé de conduire les bagages, suivrait avec la division l'itinéraire déjà donné ; mais à l'embranchement de Romain, il se détour-

erait à droite afin d'aller établir son parc à Fontenelle,
ù il recevrait des ordres et des vivres.

Tarn-et-Garonne arriva à Fontenelle vers les deux heures
le l'après-midi.

Le 2ᵉ bataillon du Haut-Rhin (commandant Sauveton),
rriva sur le même point à la même heure. C'était le 3ᵉ ba-
aillon qui formait le 1ᵉʳ régiment de marche avec les ba-
aillons de la Haute-Garonne et du Tarn-et-Garonne.

Le parc des bagages fut établi en avant du village :

Tarn-et-Garonne formé en colonne par divisions, attendit
ongtemps au rang et au repos les vivres et les ordres pro-
nis. La nuit venue il bivouaqua sur le même emplacement.
.e terrain était tellement détrempé que les effets de cam-
ement ne purent être utilisés. Les hommes firent la
soupe avec le reste du salé qu'ils avaient reçu aux Tilleroyes,
t passèrent la nuit dans la boue, autour de feux, noirs et
umeux, que la neige empêchait de flamber.

Le 9, à sept heures du matin, le bataillon du Haut-Rhin se
rendit à Burnois par Uzell.

A midi, Tarn-et-Garonne dût s'avancer dans la direction
de Grammont avec les bagages de sa division. Arrivé au
Burnois il aperçut du haut de la côte qui se trouve à l'extrémité nord du village le feu des batteries prussiennes qui
bombardaient Villersexel et incendiaient en se retirant la
vieille et splendide demeure de la famille de Grammont.

Grammont
9 janvier
1871

C'était la deuxième journée de l'affaire de Villersexel.

Arrivé sur le plateau qui domine Grammont, un ordre
tracé au crayon sur une feuille de papier à cigarette, et signé du chef d'état-major de la division, appela en toute hâte
le bataillon dans la direction de ce village. Comme il le tra-
versait, il y fut arrêté par le commandant Huguet du 15ᵉ de
chasseurs à pied de marche, aux ordres duquel il dût se
mettre, (3ᵉ et 6ᵉ compagnies de grand-garde).

Cet appel si précipité avait pour but de rallier Tarn-et-
Garonne à la division qui, placée au delà de Grammont prenait ses dispositions pour couper la retraite aux troupes
prussiennes évacuant Villersexel se dirigeant vers l'Est.

L'ennemi certainement informé de la présence de corps
Français à Grammont, se retira en accentuant vers le Nord

la courbe qu'il dût décrire pour les éviter et se porter su[r] Montbéliard et Belfort.

Les bagages, qui, à l'appel du bataillon, avaient été laissé[s] en arrière avec les 1re et 2e compagnies, ne rejoignire[nt] Grammont qu'à minuit, et non sans d'extrêmes difficulté[s] par suite de l'escarpement des chemins et de l'épaiss[e] couche de verglas qui les recouvraient.

Courchaton
10 janvier
1871Le lendemain, à 6 heures du matin, les trois bataillon[s] chasseurs à pied, Haut-Rhin, Tarn-et-Garonne se mirent e[n] marche, traversèrent le village de Courchaton, et allèrent s[e] placer dans leur ordre de bataille sur une ligne coupan[t] obliquement les bois qui se trouvent en avant d'Onans.

Tarn-et-Garonne releva sur cet emplacement la Haute Garonne, qui s'y trouvait depuis vingt-quatre heures.

Les compagnies divisées par petites fractions furent pla-cées dans des taillis où la circulation était presque impos-sible, tant la neige était haute et les fourrés épais.

Cependant, les hommes qui n'avaient rien mangé depui[s] Fontenelle où, à cinq heures du matin, ils avaient fait cuire leur dernier morceau de lard salé, ne pouvaient dans des conditions aussi dures supporter un jeûne plus prolongé. Un officier du bataillon se rendit auprès du commandant Huguet, pour lui exposer la situation et réclamer des vi-vres, ou au moins, de l'eau-de-vie.

La division prévenue rappela Tarn-et-Garonne à Cour-chaton où il établit son bivouac et reçut des vivres (1).

Le 11, dans l'après-midi, tous les corps de la 1re division qui se trouvaient à Courchaton furent portés dans la direc-tion d'Onans. A peine sortis du village, un contre-ordre les y fit rentrer.

---

(1) Le 10 janvier, deux nouveaux délégués de la société de secours aux bles-sés arrivèrent à Courchaton. Ce ne fut certainement pas sans difficultés, qu'ils purent découvrir et rejoindre le bataillon.

Il regretta seulement que les affaires personnelles de ces deux messieurs, ne leur permissent de se rendre aux pressantes sollicitations du Commandant et des officiers du bataillon qui leur demandaient de rester vingt-quatre heures de plus, si non avec le corps, au moins à proximité afin de pouvoir porter aux familles intéressées des détails certains sur chacun : la position avancée, occu-pée alors par les mobiles de Tarn-et-Garonne et les ordres donnés ce jour-là, faisant croire qu'ils allaient être *sous peu d'heures*, sérieusement engagés.

Le 12 à midi, départ pour Onans.

Les 3 bataillons du 1er régiment de marche bivouaquèrent près de ce bourg. Le terrain toujours détrempé et fangeux, une neige constante et l'incertitude de la durée du séjour ne permettant jamais de dresser les tentes à abri, les hommes passèrent encore cette nuit-là dans la boue, sans feu et sans sommeil.

Dans la soirée, le général commandant la division, fit appeler le commandant de Tarn-et-Garonne, et lui dit que son bataillon, en raison des bons renseignements reçus, et de la bonne opinion qu'il en avait lui-même, était choisi entre tous ceux de la division avec le 15e de chasseurs à pied et le 2e bataillon du 63e de ligne, qui était composé presque entièrement de vieux soldats, pour former la tête de colonne d'attaque qui devait, le lendemain à l'aurore, enlever à la baïonnette le village d'Arcey.

Cette bonne nouvelle, immédiatement communiquée aux capitaines de compagnie de Tarn-et-Garonne, se répandit bientôt dans le bivouac, et chacun, glorieux de l'honneur auquel il allait être appelé dans peu d'heures, resserra son campement, visita ses armes, prépara ses cartouches et attendit avec impatience l'heure solennelle du combat.

Mais à trois heures du matin un nouveau plan d'attaque fut arrêté, déterminé par la nouvelle arrivée, dans la nuit, que les corps prussiens qui occupaient déjà Arcey étaient renforcés par plusieurs régiments venant de Rougemont et de Villersexel. Il fut dès lors décidé par le général Bressolles, commandant le 24e corps, que l'entrée dans Arcey aurait lieu seulement lorsque l'artillerie aurait éclairé les bois qui entourent cette ville et fait évacuer la place à la garnison.

Dès cinq heures du matin, l'artillerie prit ses positions sur la crête des bois de Marvelise qui dominent Arcey. A neuf heures, par un soleil splendide, mais par un froid de 18°0, toute l'artillerie du 24e corps foudroya les bois et le village. Pendant trois heures et demie des milliers de projectiles furent lancés par au moins cent vingt pièces de tout calibre, contre un ennemi invisible et sur plusieurs points très-imaginaires. Le front d'attaque s'étendait sur plus de cinq kilomètres de terrain. Peu à peu les prussiens qui se trouvaient seulement au nombre de 2 à 3000 dans le village, se retirèrent, soutenant vigoureusement leur retraite par le feu nourri de quelques pièces d'artillerie. A midi, Arcey était entièrement évacué et le 63ᵉ de ligne y entra, s'étant glissé sous bois jusqu'au plus près, et sans brûler une cartouche.

Pendant ce temps, le 1ᵉʳ régiment de marche était placé en position sur un plateau situé entre Onans et Faimbe pour défendre le défilé qu'il domine, et par lequel une colonne ennemie venant de Montbéliard eût pu tourner et surprendre l'artillerie.

Le régiment resta sur le même point pendant sept heures toujours sur le qui vive, immobile, entièrement à découvert, les jambes dans la neige et l'estomac vide. Ce qui le soutenait encore dans ce moment, c'était l'imposant spectacle auquel il assistait, l'émotion produite par le solennel vacarme de l'artillerie et l'indicible satisfaction qu'il éprouvait à la pensée qu'un grand succès venait enfin de couronner les armes françaises.

Aussi toute fatigue fût-elle oubliée et de nombreux bravos éclatèrent-ils dans les rangs, lorsqu'un cavalier lancé à toute allure cria du plus loin : « Arcey est pris, l'ennemi est en fuite. »

En effet, les batteries qui se trouvaient en vue du bataillon venaient de cesser leur feu et prenaient leurs dispositions pour se porter en avant. La lutte s'éloignait, l'artillerie ennemie ne répondait plus qu'à de rares intervalles : Echenans, Saint-Julien, Desondans et Aibre étaient évacués, et ces troupes établies à Arcey et Chevannes qui n'étaient que les avant-postes des corps du général Werder se rejetaient sur Tavey et Couthenans.

Avions-nous réellement obtenu un grand succès ce jour-là? Les dépêches du gouvernement le dirent alors à la France anxieuse ; mais le manque de munitions pour l'artillerie du 24ᵉ corps le 16 et le 17, c'est-à-dire à l'heure suprême, nous fit comprendre alors, l'immensité de la faute qui avait été commise ce même jour (2).

(2) Au moment où Besançon recevait sous ses murs une grande partie des

Le 1er régiment de marche, qui se morfondait depuis quatre longues heures à piétiner une neige glacée, brûlait d'impatience de prendre sa part de gloire. Haute-Garonne, Haut-Rhin et Tarn-et-Garonne sont enfin appelés ; le soleil baisse mais le canon se fait encore entendre et vers Sainte-Marie le crépitement de la fusillade annonçait sur ce point un reste de résistance.

Les hommes ne marchaient point, ils volaient ; la faim, la soif, le froid, la fatigue tout était oublié : On était vainqueur !

Mais la nuit s'avançait, et malgré toute la diligence possible le régiment n'atteignait jamais le lieu de la lutte qui finit avec le jour.

En ce moment, l'intensité du froid violaçait toutes les figures. Les hommes n'avaient rien pris depuis deux jours et n'a-

corps qui devaient entrer dans la formation de l'armée de l'Est, leur itinéraire jusqu'à Belfort, le grand objectif, était longuement discuté et l'on peut ajouter, assez aveuglément tracé, à l'état-major de la septième division : le système d'intimidation poussé jusqu'à la barbarie, auquel les populations envahies par l'ennemi étaient si cruellement soumises, privait nos états-majors de tout renseignement et procurait aux leurs, sur nos positions et nos projets, les détails les plus précis, les plus minutieux.

Il était surtout une étape de cette grande marche qui donnait en général de sérieuses appréhentions : C'était celle d'Arcey. Ce lieu, d'après les stratégistes sérieux ou d'occasion, — on en vit naître à cette époque-là, de nombreuses fourmilières de cette dernière catégorie, — était celui devant lequel l'armée serait le plus longtemps et le plus sérieusement arrêtée : Poste avancé de l'armée de Werder, commandant les routes de Villersexel à Montbelliard et de Belfort à l'Isle-sur-le-Doubs, on ne pourrait y entrer, disait-on, qu'après avoir fait le siège de nombreux travaux derrière lesquels se dressaient de formidables batteries.

Ce furent sans doute ces mêmes croyances qui, n'étant nullement démenties, même à quelques centaines de mètres du lieu en question, l'autorité supérieure n'ayant pas cru devoir s'éclairer davantage, déterminèrent le commandant du 24e corps à perdre des heures précieuses et la plus grande partie des munitions de son artillerie, à l'inutile bombardement d'une étendue de quatre à cinq kilomètres pour en déloger un ennemi, complètement imaginaire, et à celui d'un village dont la petite garnison ennemie qui, reculait fièrement en répondant à l'artillerie française avec trois petits obusiers de campagne, ne demandait qu'à suivre le mouvement de retraite de son armée sur Belfort.

A la fin de la journée lorsqu'il fut donné à chacun de pouvoir juger des défenses dérisoires dont le général en chef n'avait cru pouvoir se rendre maître qu'avec tant de prudence, de temps et le secours d'une si formidable artillerie, une désillusion cruelle, abattit promptement dans les cœurs la joie que le cri de : Victoire ! y avait portée.

Arcey qui vit arrêtés devant lui de 50 à 60,000 hommes, et qui fut foudroyé pendant quatre heures par cent-vint pièces d'artillerie, est un village ouvert, situé dans une clairière dominée de tous côtés et dont on peut approcher par dix voies différentes, tout en restant continuellement à couvert et sous bois. Ses

vaient rien à prendre. Une distribution de vivres fût promise ; mais ce qu'ils attendaient par-dessus tout d'Arcey et qui leur faisait doublement fêter le bonheur de la victoire, c'était l'espérance d'y trouver un gîte exempt de boue et de neige.

Lorsqu'il arrivait auprès des grands taillis qui sont à 600 mètres du village, le régiment fut arrêté par le chef d'état-major de la division qui désigna à chaque bataillon la partie des bois dans laquelle il devait passer la nuit, avec défense, jusqu'à nouvel ordre, d'allumer des feux.

La déception fut cruelle. Trompés dans leur si légitime espoir, les hommes, il faut le proclamer à leur grande louange, n'eurent pas une seconde d'hésitation, n'exprimèrent pas même un regret, et cependant, une nouvelle nuit passée dans les bois, toujours sur un sol fangeux ou couvert de neige, sans vivres, sans même une goutte d'eau et par

fortifications, si menaçantes, consistaient en une enceinte de quarante centimètres de hauteur sur vingt d'épaisseur, que les prussiens avaient fait établir par les habitants, avec du fumier, et qui était donnée à ces derniers, comme une limite d'internement qu'ils ne devaient dépasser sous peine d'être fusillés.

Les 2,000 hommes occupant le village qu'il aurait été si facile, mais trop simple, sans doute, de faire prisonniers en tournant silencieusement la position, eurent tout le temps nécessaire pour faire tranquillement leurs préparatifs de départ. Ils se retirèrent en effet en très bon ordre annonçant aux habitants que s'ils « ne brûlaient pas leur village en se retirant, ainsi qu'ils en avaient « l'habitude, c'est qu'ils étaient certains d'y rentrer quelques jours après, « et qu'ils auraient encore besoin de leurs maisons. »

Les prussiens ne perdirent que deux hommes à la prise du village, c'étaient deux malades qui trop faibles pour se mettre en route, étaient restés dans leur lit où ils furent lâchement tués. Les deux corps, jetés à l'abandon, demeurèrent sans sépulture pendant les deux jours que la première division du 24e corps séjourna à Arcey, exposés dans une grange aux lazzis impudiques d'une soldatesque avide de vengeance.

Que l'autorité à laquelle incombait l'initiative des derniers devoirs à faire rendre même à ces ennemis, trouve ici la mention du blâme qui lui fut alors unaniment jeté.

Cette journée, conduite avec habileté, aurait pu conserver à l'armée quelques jours encore, un moral que le froid, la fatigue et la faim battaient déjà fortement en brèche ; mais elle fut par la déception cruelle que chacun en ressentit le principe de ce manque de confiance qui s'accrut de jour en jour et fut une des principales causes de l'anéantissement désastreux de cette dernière armée, de laquelle la France attendit, un moment, sinon sa délivrance, du moins un temps d'arrêt dans l'invasion, le bonheur d'espérer encore.

Voilà, pour moi, toute la vérité sur cette brillante journée d'Arcey. Et cependant, lorsque nos petits-neveux liront dans les documents officiels de l'époque, la relation du siége et de la glorieuse prise de cette place, ne se croiront-ils pas autorisés à dire avec orgueil, comme nous, de nos ancêtres à Rocroi : « Notre grand-oncle aussi, était à Arcey.

une température sibérienne, ne pouvait reposer ces pauvres enfants des fatigues de la veille, ni les fortifier pour les travaux du lendemain.

La défense d'allumer des feux fut enfin levée.

Ayant pris courageusement leur parti, les hommes cherchèrent à s'installer le moins mal possible, dans ces épais fourrés qu'il fallait d'abord trouer et ébrancher pour pouvoir avancer et s'y caser. Ils firent deux parts des arbres abattus, l'une pour allumer des feux et l'autre pour l'établir en claire-voie sur la neige, et pouvoir s'y étendre en s'isolant du sol. Emmaillotés jusque pardessus la tête, avec leur couverture bigarrée qu'ils serraient au cou pour former le capuchon, accroupis devant quelques fagots de bois vert qui n'avaient été allumés que par des prodiges de patience et d'adresse, ils ressemblaient à une horde de sauvages campant sur les montagnes fumeuses de l'Amérique. Doublés sur eux-mêmes, les jambes et la tête au feu, ils tombaient appesantis, accablés, sans s'apercevoir que leurs souliers qui ne chaussaient plus que des pieds rendus insensibles par le froid, se racornissaient, se brûlaient, et que le lendemain, ces pieds enflés, endoloris, ne pourraient supporter leur prison de bois. Et encore, si cette nuit passée dans de si mauvaises conditions avait été donnée entière ; mais non, vers les dix heures, au moment où les hommes resserrés, couchés les uns sur les autres pour se communiquer un peu de chaleur que le feu mal alimenté ne leur donnait plus, c'est-à-dire au moment du repos général, l'ordre vint d'aller chercher des vivres à Arcey. Où trouver alors, dans l'obscurité la plus profonde, sans guide, sans sonneries, parmi tous ces groupes inconnus et sourds, l'officier du jour, les sergents, les fourriers de semaine ; savoir où commence et finit le bivouac de chaque compagnie pour y prendre le nombre d'hommes de corvée qu'elle doit fournir. Il faut donc secouer toutes ces masses engourdies et réveiller tout le bataillon.

Dormant encore et grelottant toujours, 200 hommes sont amenés à Arcey. La route, recouverte d'un émail de glace, est impraticable ; la lutte est constante pour chacun entre l'équilibre et la chute ; les chevaux, non encore ferrés à glace, roulent avec leur cavalier d'un bord à l'autre du chemin. La corvée arrive enfin sur le lieu désigné, attend deux heures et au bout de ce temps est renvoyée à son bivouac ; la distribution promise, *ordonnée* n'aura pas lieu, les vivres n'étant pas même arrivés.

Deux heures après, c'est à-dire, lorsque les hommes sont rentrés sous bois, ont retrouvé avec peine leur bivouac, leur groupe et se sont rendormis, nouvel ordre de distribution, nouvelle corvée à conduire à Arcey, deuxième réveil général !

Si cette nuit de bivouac, pendant la marche en avant de l'armée de l'Est, et sur lesquelles toutes les suivantes jusqu'à la retraite furent calquées, a été décrite avec plus de détail, c'est qu'il faut que la France apprenne, de ceux qui ont suivi ces cruelles étapes, par quel fatal enchaînement de mortelles combinaisons sa dernière armée à été détruite, et comment ces vaillants corps qui avaient si valeureusement montré leur force au début de la campagne, durent se retirer quelques jours après sans être vaincus, mais n'ayant plus même la force de charger leurs armes.

Prenant enfin en considération les souffrances endurées par le bataillon de Tarn-et-Garonne qui avait bivouaqué nuit et jour depuis son départ de Besançon, le général de division le fit entrer ce jour-là, 14 dans Arcey. Aussitôt arrivés, les hommes se blottirent partout où ils purent se mettre à couvert. Ce n'était pas un lit qu'ils cherchaient, pas même de la paille, mais un simple abri sur un sol exempt de boue ou de neige.

Le lendemain 15, à cinq heures du matin, on réunit la division au delà des dernières maisons du village, sur la route d'Héricourt. Ce ne fut pas sans peine que les corps parvinrent à se grouper. N'ayant pu se loger par quartier, les hommes de tous régiments, escadrons, bataillons ou batteries, éparpillés, entremêlés, ne savaient où rejoindre leur corps respectif, à cause de l'obscurité qui régnait encore et du silence impérieusement ordonné aux clairons et trompettes, en prévision de là proximité de l'ennemi, auquel on voulait dissimuler la mise en marche de l'armée. Mais les cris de chacun, interrogeant au hasard tous les échos pour retrouver les siens, firent un vacarme plus marqué que ne l'aurait produit une assemblée sonnée par tous les clairons réunis d'une division. C'est de ce jour que le désordre commença à régner sur une grande échelle. Les réunions ou rassemblements se faisant toujours la nuit, les appels devinrent impossibles ; dès lors plus de contrôle ; les hommes pouvaient rester cachés ou couchés dans le lieu où ils avaient passé la nuit, et il eut fallu du jour et beaucoup de temps devant soi pour découvrir les traînards ou les malades et recommander ces derniers aux soins des habitants ou de la municipalité du lieu que l'on quittait. La faim seule ramenait au corps quelques heures ou quelques jours après ces retardataires, que l'on ne pouvait punir, parcequ'ils se faisaient un mérite, le plus souvent très réel, d'avoir rejoint en dépit de leur faiblesse et de leur épuisement.

Malgré le soi-disant succès de l'avant-veille, le moral général baissait. Les troupes qui avaient marché jusqu'alors avec un entrain admirable furent atteintes de découragement ; les vivres manquèrent ainsi que les munitions et à la grande confiance que leur avaient inspiré leurs premiers avantages, succéda bientôt la défaillance par l'appréhension d'un avenir incertain.

La division, plus ou moins réunie, finit par se mettre en route ; mais, sa marche indécise et lente, laissait soupçonner la présence non éloignée de l'ennemi, dont les états-majors ne soupçonnaient sans doute ni les desseins, ni la force et que l'on redoutait toujours quoiqu'il se retirât. Peu à peu, quelques corps furent détachés et suivirent une direction particulière. Le 1er régiment de marche arrivant en vue de Desondans abandonna la route d'Héricourt, prit à droite, descendit dans un bas fond où il fût massé en colonne par division, et porté de là sur un vaste plateau où il resta quelque temps en observation. Il se porta ensuite, toujours dans le même ordre, vers Semondans dont il longea les bois, en suivant un repli de terrain recouvert de 50 centimètres de neige, épandue sur un fond marécageux, où prend naissance le petit cours d'eau qui se jette dans le Doubs, passant par Issans, Allondans, Dung et Bart. L'ordre de colonne fut tellement rompu par les difficultés du terrain, que si l'en-

Bivouac
d'Issans
15 janvier
1871

nemi s'était présenté dans ce moment, comme on s'y attendait, il eut été impossible de lui opposer la moindre résistance. Sorti enfin de ce tiroir dangereux dans lequel le
régiment avait été si inconsidérément engagé, le bataillon
de Tarn-et-Garonne, séparé des deux autres, marcha sur
Raynans, passa à Issans, et alla à travers bois établir son
bivouac au milieu d'un fourré, non loin du village de Busse-
rel occupé du jour même par les Français, et de Béthon-
court tenu encore par les prussiens.

Aussitôt que le bataillon eut pris possession de son bivouac, la sixième compagnie fût placée en grand-garde sur
un plateau de la rive droite de la Lizaine, vis-à-vis des batteries allemandes, avec défense d'allumer des feux.

A partir de ce jour, l'on n'entendit plus les détonations des
énormes pièces de siége qui canonnaient Belfort, et dont les
coups répétés retentissaient si douloureusement dans le
cœur de chacun. Les prussiens les enlevaient à leur première destination, pour en former cette dernière barrière de
feu que nous ne pûmes franchir, et derrière laquelle se
trouvait cette valeureuse cité, qui se réjouissait déjà de nous
savoir si près d'elle, et que nous eûmes la douleur d'abandonner, lorsque nous n'étions plus qu'à quelques kilomètres de ses glorieux murs.

Le bruit incessant du canon, que l'on entendait surtout
vers la droite, provenait de l'attaque de Montbéliard où entrèrent ce jour là les troupes du 21e corps, et qu'elles occupèrent, à l'exception du château, qui restait encore à la fin
de la journée entre les mains de l'ennemi. De nombreux
blessés venant de cette direction, et se rendant aux villages
d'Issans et de Renans croisèrent le bataillon.

Le 16, à sept heures et demie du matin, le bataillon rejoi-
gnait le gros de sa brigade dont le bivouac était placé dans
les bois qui dominent Montbéliard, à l'Est, lorsqu'il reçut
l'ordre du général Bressolles d'aller se joindre à divers bataillons du 15e corps qui se trouvaient déjà massés, non loin
de là, dans une gorge étroite qui aboutit à la Lizaine.

D'après les projets de ce général, communiqués aux chefs
du corps, ces troupes étaient destinées à enlever à la baïonnette les batteries prussiennes étagées sur la rive droite de

la rivière qui envoyaient des obus jusqu'au milieu des bivouacs français. Mais, dans le courant de la journée, l'exécution de ce projet fut reconnue impraticable. Un plateau de 15 à 1800 mètres, complètement découvert, devait être parcouru sous le feu des batteries rasantes et plongeantes des prussiens sans compter la difficulté de ne pouvoir aborder ces batteries qu'après avoir traversé la Lizaine considérablement grossie par les pluies et la neige.

Le 15e bataillon de chasseurs à pied, de la brigade de Tarn-et-Garonne , jeté si aveuglément en éclaireur dans cette direction, démontra bientôt l'impossibilité de cette tentative.

Après s'être bravement élancé sous la fusillade incessante des tirailleurs ennemis postés sur l'autre rive, ce pauvre bataillon, arrêté par le torrent débordé, rétrograda, et remonta péniblement, sous le feu croisé de l'ennemi, le versant abrupte qu'il avait si vaillamment descendu en quelques secondes ; il laissa sur le terrain neuf officiers et plus de deux cents hommes.

Pendant cette journée, le bataillon, de Tarn-et-Garonne, sac au dos et l'arme au pied, assista froidement, mais le cœur serré, à la destruction de plusieurs batteries françaises qui se succédèrent, en arrière et à côté de lui, et dont le calibre trop inférieur à celui des pièces ennemies sous le triple rapport de la rapidité du tir, de la justesse et de la portée ne servaient dans leur impuissance, qu'à faciliter l'appréciation de la distance où elles se trouvaient pour être plutôt et plus facilement écrasées.

Les hommes restèrent ainsi, jusqu'au soir, sous une voûte continuellement sonore. Après avoir passé sur leur tête avec un bruit strident, les obus tombaient derrière eux dans les bois, qu'ils broyaient : véritable ouragan de fer et de feu. Quelques projectiles interrompant leur trajectoire éclataient au-dessus des bataillons massés, lançant au bruit de mille tonnerres leurs éclats meurtriers dans les rangs, aucun homme du bataillon ne fut atteint ; les Savoisiens qui se trouvaient à sa droite, furent moins heureux.

La nuit venue, les troupes, auxquelles le bataillon avait été adjoint, reçurent l'ordre de rester sur les positions qu'elles avaient occupées pendant le jour. On annonça une distribution de vivres sur place. Mais Tarn-et-Garonne, accidentellement réuni à ces régiments, ne pouvant être compris dans les prévisions de l'intendance du 15e corps, rentra dans son bivouac, à jeun depuis la veille au soir, sans un biscuit dans les sacs ; mais pouvant plus sûrement compter recevoir des vivres sur l'emplacement qui lui avait été désigné et était à la connaissance de l'intendance de sa division.

Le 17, une attaque générale fut encore tentée sans de meilleurs résultats. Le général de division se tint plusieurs heures à la tête du bataillon de Tarn-et-Garonne qu'il comptait de faire *donner* aussitôt que la possibilité se présenterait.

Mais on arrivait au terme du possible : depuis Arcey, plus une heure de repos, ni nuit, ni jour, et plus de vivres. Les hommes, qui n'avaient cessé de marcher tous les jours depuis l'aube jusqu'à la nuit, n'ayant pris le plus souvent ni café, ni soupe et dans la constante préoccupation d'un combat à livrer ou à soutenir, faisaient encore la nuit de 7 à 8 kilomètres pour courir après de maigres distributions qui ne donnaient parfois que du biscuit, du café ou du sucre. Aussi, ces malheureux étaient-ils arrivés à un état d'affaiblissement impossible à décrire. La neige fondue avec laquelle ils étaient obligés de faire leur café et d'apaiser leur soif, achevait de désorganiser leurs malheureux corps qui n'avaient plus que le souffle, leurs membres perclus de douleurs n'étaient plus soutenus que par des pieds gonflés, noircis par la congélation, et dont la peau, chez beaucoup, restait collée à l'empeigne de la chaussure, lorsqu'ils voulaient en les retirant se soulager de leur enserrement douloureux. Du 16 au 18, le docteur du corps constata sur l'effectif présent qui n'était presque plus que la moitié de celui du départ, 208 congélations aux pieds dont beaucoup étaient gangrénées.

Le 18, vers deux heures de l'après-midi, toute la brigade changea de bivouac, et fut réunie à quelques centaines de mètres de celui qu'occupait Tarn-et-Garonne depuis trois jours.

A la tombée de la nuit les 1re et 7e compagnies furent placées au grand-garde avec ordre de rejoindre leur corps à onze heures.

Le général de Castella prit à dater de ce jour, le commandement de la 1re brigade de la 1re division du 24e corps.

Dans la soirée, voyant l'armée découragée par son impuissance à forcer les positions ennemies, manquant de tout, sans vivres, sans munitions, le général en chef donna l'ordre de battre en retraite.

Les hommes travaillèrent à faire de grands abatis de bois afin de laisser les feux très-alimentés après l'abandon des bivouacs, pour cacher ainsi à l'ennemi la désertion des positions, et chercher à gagner sur lui, par cette ruse, quelques heures d'avance pour se soustraire par cette fuite à une poursuite trop précipitée.

Le mouvement de retraite du 24e corps commença à minuit.

Le manque de prévision ou de précision dans les ordres donnés relativement à l'heure à laquelle chaque corps devait commencer son mouvement rétrograde, causa dans le principe une presse, une confusion inénarrable. Plus d'ordre, plus de rangs, plus de corps distincts ; c'était une avalanche d'hommes contenue entre deux fourrés et tellement resserrée, qu'à un moment, tout mouvement semblait lui être devenu impossible. Ce ne fût qu'au jour, après avoir traversé Renans, que les divers régiments purent commencer à se trier. Tarn-et-Garonne, qui n'avait quitté son bivouac qu'à une heure, arriva à Renans à sept heures, par groupes disséminés dans une colonne formée de trente bataillons emmêlés. Cette colonne mit six heures pour faire quatre kilomètres.

Après avoir traversé Saint-Julien, Sainte-Marie, et Faimbe le bataillon s'arrêta à la guinguette, d'après les ordres reçus la veille. Les hommes s'empressèrent, sitôt arrivés, d'allumer les feux et de faire le café, faute de nourriture plus substantielle.

Le bataillon du Haut-Rhin arrivé à la même heure sur le même lieu prit des dispositions analogues.

A peine les hommes avaient-ils vidé leurs marmites, que le bruit courut qu'un bataillon de chasseurs à pied, le 4e de marche, resté momentanément à Sainte-Marie pour protéger la retraite, s'était laissé surprendre par le colonel de Zimmerman à la tête de la brigade de la landwher de la Prusse orientale au moment où les hommes se groupaient dans le village pour y faire leur café. L'exactitude du fait fût confirmée, peu d'instants après, par le passage de quelques hommes de ce bataillon qui, débandés et ne sachant où se rallier, demandèrent à marcher avec les mobiles.

Des gendarmes de la prévôté du 24e corps, interrogés sur le lieu où pouvait se trouver le reste de la brigade, répondirent qu'il venait de quitter le village de Geney, se dirigeant vers l'Isle sur le Doubs.

Le bataillon, informé par les derniers trainards, qu'une forte colonne prussienne appuyée par de l'artillerie n'était plus qu'à trois kilomètres, se voyant sans ordres, sans appui et dans une position, à mi-coteau, où il était impossible de se défendre, l'ennemi arrivant par la hauteur, prît le parti de suivre le mouvement général et de continuer sur l'Isle, où il retrouverait sans doute sa division. Mais là, nul renseignement ne pût être obtenu : la ville était bondée d'une foule affolée qui assiégeait les hôtelleries, les cafés, les maisons particulières pour demander, acheter *ou réquisitionner* un peu de nourriture. L'aspect de cette armée, désorganisée et sans frein, était affreux ; des milliers d'hommes, à figure hâve, blafarde, criant, toussant, râlant, mourant de faim ; dans tout espèce de costumes et d'uniformes, brisés de corps et d'âme ; n'opposant aux frimas qui les raidissaient que de misérables équipements en haillons, s'affaissaient, tombaient au milieu des rues. Et l'ennemi implacable continuait à poursuivre et canonner ces masses éperdues dont il n'avait plus rien à craindre.

Le maire de la ville, auquel le chef de bataillon s'adressa, dit être complétement débordé, et avoir abdiqué toute autorité jusqu'à ce que le torrent humain qui inondait l'Isle fût écoulé ; mais que certainement, vu les milliers d'hommes qui y étaient entassés depuis le matin, et qui y passeraient sans doute la nuit, il était de toute impossibilité d'espérer trouver le plus petit abri vacant.

Dans cette triste perspective, et la déroute étant trop complète, trop générale pour laisser aucun espoir touchant la défense de la ville, le commandant du bataillon proposa à ses hommes de faire un dernier effort, de pousser jusqu'à Clairval où ils seraient probablement logés et pourraient se procurer quelques vivres, que l'Isle, affamée ce jour-là, ne leur donnerait pas, et que l'immense désarroi dans tous les services ne permettait pas d'attendre de l'Intendance.

Les hommes, quoique exténués puisqu'ils étaient sur pied *depuis la veille au matin*, — et il était cinq heures du soir, — accueillirent avec joie cette proposition. Ils arrivèrent à Clairval trois heures après, brisés, anéantis ; mais heureux de la certitude qu'ils trouveraient quelques vivres à acheter, espérant d'ailleurs dormir cette nuit-là, hors de la neige dans laquelle ils couchaient depuis leur départ de Besançon.

Le lendemain, les 25 à 30,000 hommes que le bataillon avait laissés à l'Isle sur le Doubs, s'abattirent sur Clairval ; même aspect indescriptible, mêmes misères, mêmes souffrances. Les rues, les places étaient encombrées de voitures, de chariots, de canons, de tous les empédimenta possibles, dans le désordre écœurant d'une armée en déroute ; à travers cette foule accouraient des cavaliers, des caissons d'artillerie qui se frayaient un chemin au milieu de cette colonne abrutie et n'y parvenaient qu'à force de cris et de meurtrissures. De distance en distance des équipages abandonnés dont les chevaux, mourant de faim, rongaient les roues ou les arbres près desquels ils se trouvaient. D'autres déjà couchés, relevant encore la tête, regardaient douloureusement leur flanc qui contenait déjà la mort ; d'autres enfin, tombés en travers de la route portaient de larges entailles faites par des soldats affamés.

Anteuil
19 janvier
1871

Le commandant de Tarn-et-Garonne apprit d'un gendarme que le hasard lui fit interroger, que la 1re division du 24e corps devait se rallier au village d'Anteuil, situé à quatre kilomètres est de Clairval. Le bataillon y fut rendu vers les deux heures.

Le général d'Ariès, l'état-major et la 3e Légion du Rhône, y arrivèrent quelques instants après. Les deux bataillons de la Haute-Garonne et du Haut-Rhin étaient déjà rendus et campaient au delà du village.

Les Prussiens qui étaient entrés à l'Isle à la suite de l'ar-

mée en retraite, ne se pressaient pas d'occuper Clairval, à
en juger par les quatre jours de repos donnés aux troupes
réunies à Anteuil, lesquelles ne fournirent pendant ce
temps qu'un service de sûreté insignifiant. Cependant, le 23
au soir, le 63e de ligne, le Haut-Rhin et Tarn-et-Garonne furent placés de grand garde sur trois points différents. Le
Haut-Rhin qui n'avait plus que 150 hommes à son effectif,
servit de poste avancé au Tarn-et-Garonne.

La 3e Légion du Rhône avait quitté Anteuil la veille.

Servin
24 janvier
1871

Le 24 à quatre heures du matin, les grand-gardes reçurent l'ordre de rejoindre la division qui se mettait en route
pour continuer la retraite ; mouvement exécuté encore
ce jour-là avec une lenteur impossible ; au sortir d'Anteuil
surtout, les chemins étaient impraticables par leur escarpement et la couche glacée qui les recouvrait. L'artillerie ne pût les suivre que portée, pour ainsi dire, à bras.
La neige interceptant les passages en dehors de la route,
chaque corps fut obligé d'attendre, pendant des heures. que
celui qui devait le précéder dans l'ordre de marche donné
eût à peu près groupé son monde, et encore une queue de
traînards de toute arme encombrait-elle tout le temps, avec
les voitures, les bas côtés de la route.

La droite de la division s'était mise en marche à sept heures ; il en était près de neuf quand la gauche commença son
mouvement, et l'effectif général n'était plus que de 2,000
hommes.

Vers les deux heures, la division arriva au petit village de
Servin, y laissa le 1er régiment de marche et alla s'établir entre Vaudrivillers et Pont-les-Moulins, l'Etat-major à Lanans.

Dans la journée, les bagages et de nombreux chariots de
vivres qui avaient rallié à Anteuil, rejoignirent la division
conduits par la 4e compagnie; après quelques heures de repos, ils se remirent en marche, à minuit, avec le personnel
de l'Intendance, pour se diriger sur Besançon en passant par
Côtebrune, Bouclans et Nancray. Cet itinéraire était celui
que devait suivre la division dès le lendemain matin, mais
alors la certitude que l'ennemi s'approchait de Bouclans fit
abandonner cette ligne. Les bagages purent cependant gagner Besançon, grâce à l'énergie de leur escorte.

Le lendemain 25, à sept heures du matin, le bataillon du Haut-Rhin reçut l'ordre de se rendre à Montivernage, il rentra à Servin vers les deux heures de l'après-midi et repartit une heure et demie après pour Lanans. A trois heures la Haute-Garonne fut appelée au même lieu. Le bataillon de Tarn-et-Garonne, resté seul à Servin, plaçait des grand-gardes (3ᵉ compagnie) s'attendant à être attaqué le lendemain matin, (information donnée par la division) lorsqu'il fut appelé lui-même en toute hâte à Lanans pour y renforcer la division, avec ordre s'il ne l'y trouvait plus, de continuer à marcher sur Vercel et de l'y attendre.

L'ennemi que l'on ne cherchait plus à arrêter, avançait à grands pas vers le plateau de Lomont sur lequel le bataillon se trouvait encore. Les habitants du pays le signalaient à Dammartin, Brétigney et Pont-les-Moulins.

Il fallait vraiment que des considérations bien puissantes présidassent à l'abandon de toutes les fortes positions, dont cette partie du département du Doubs est crêtée pour les livrer ainsi sans lutte ; quand même leur occupation momentanée n'aurait servi qu'à protéger la retraite et à gagner quelques heures.

Passant au sud du dernier point désigné, près de la Combe-Constantin, un officier d'ordonnance du général de division, le lieutenant Susbielle du 6ᵉ de hussards, vint au-devant du bataillon et lui cria du plus loin : « Hâtez-vous, hâtez-vous ; vous allez être coupés. » Ce petit avertissement donna des jambes à la tête de la colonne et la queue n'eut plus de traînards.

C'est sur ce point, avant d'arriver à l'embranchement qui passe sous Passavant et conduit à Vercel, que le bataillon croisa le 63ᵉ de marche que son colonel cherchait à rallier après l'affaire où il venait d'être si légèrement engagé, et qui lui coûta une soixantaine d'hommes tués ou blessés et deux compagnies enlevées.

Tarn-et-Garonne entra à Vercel vers les neuf heures du soir.

Vercel
25 janvier
1871

Les dernières heures de cette longue étape furent écrasantes. Il fallut traverser le haut plateau qui descend à Vercel en suivant aveuglément un sentier perdu sous trois pieds de neige et dont la direction n'était indiquée que par quelques branches plantées en jalons de distance en distance et que la nuit empêchait de distinguer. Le spectacle de cette traînée, noire et silencieuse, formée par les hommes marchant péniblement l'un derrière l'autre, pour profiter de la tranchée ouverte par les premiers, oppressait douloureusement, surtout par l'appréhension que ces mortelles fatigues seraient fatales à beaucoup.

Malheureusement, ces tristes prévisions étaient trop fondées ; l'étape de Servin à Vercel fût la dernière que suivirent bien des nôtres et des plus chers. Ils y trouvèrent la fin de leurs souffrances et le couronnement de leur dévouement.

Au milieu de la nuit, les ordres donnés et communiqués la veille au soir furent changés, en prévision d'une attaque possible de la ville dans la matinée. Mais, un nouveau rassemblement, au milieu de l'obscurité, et sur un point tout différent du point choisi d'abord, devait être laborieux. Les hommes, harassés encore, se rendaient mollement, péniblement au lieu désigné. Les rares sous-officiers et caporaux qui restaient dans les compagnies et dont la bonne volonté et l'énergie sont à citer, n'osaient plus alors exiger la prompte exécution des ordres auxquels eux-mêmes ne pouvaient souvent se rendre.

Les hommes, à mesure qu'ils se présentèrent, durent se masser en colonne par peloton, dans les bas fonds qui se trouvent à droite et à gauche du chemin de la Ville-Dieu, et dans la neige jusqu'à mi-jambe.

Au jour, les chefs des corps présents comptèrent leurs hommes :

1er bataillon	15e de chasseurs à pied de marche	137 h.
3e id.	63e de ligne de marche	254
1er id.	de la Haute-Garonne (Muret)	340
1er id.	du Haut-Rhin (Belfort)	57
1er id.	de Tarn-et-Garonne (Montauban)	307
	Total,	1095

Sept bataillons donnèrent à ce moment un effectif de 1,095 hommes.

Deux heures après, le contingent de chaque corps fut augmenté de quelques traînards.

Contrairement à l'ordre donné la veille, et qui faisait prendre la route de Nods pour continuer la retraite, à 8 heures, toute la division prit la route de Passavant, petit village situé comme une forteresse féodale, dans une position des plus escarpée et au pied duquel le bataillon était passé la veille. A peine en marche, l'étrange nouvelle se répandit qu'un ordre formel du général Bourbaki, alors à Besançon, adressé et remis à l'instant même au général Bressolles, lui prescrivait d'arrêter le mouvement de retraite de son corps, et d'avoir à reprendre jusqu'à Clairval toutes les positions avantageuses qui avaient été abandonnées, fussent-elles occupées par l'ennemi.

Ce retour aux combats, quand les hommes encore debout ne se soutenaient que par la pensée qu'ils battaient sérieusement en retraite, et que bientôt ils pourraient trouver ce repos bien nécessaire à leur corps si complètement épuisé, fût loin d'être accueilli avec enthousiasme ; mais l'atonie était tellement grande chez tous, qu'ils reprirent machinalement le chemin des misères comme des êtres privés de tout sentiment.

La position si fortifiée de Passavant à l'assaut de laquelle on allait monter avec des hommes qui n'avaient plus même la force de porter leurs armes, était occupée dès la veille par 7,000 Prussiens, 4 batteries d'artillerie et 5 mitrailleuses, (4ᵉ division de réserve de l'armée du général Werder.) Ces renseignements furent donnés au général D'ariés en présence des chefs de corps, par des paysans qui s'étaient échappés la nuit précédente de ce village afin de prévenir les généraux français.

La 1ʳᵉ division du 24ᵉ corps qui, à son départ de Besançon, était forte de 8,000 hommes, n'en comptait plus que 1,800 le 26 janvier, c'est-à-dire, vingt-un jours après. Les deux tiers de ces pauvres restes pouvaient à peine se traîner.

Aussitôt l'ordre d'un retour offensif connu, plusieurs corps, entr'autres le 63ᵉ de ligne, réclamèrent des cartouches qui ne purent leur être données.

Pas un cacolet, pas une voiture d'ambulance ne se trouvaient dans cette colonne destinée à être bientôt et entièrement mitraillée. Les deux petites cantines à médicaments, appartenant au bataillon de Tarn-et-Garonne, suivaient seules (3).

Arrivée au village de Brémondans, la division dressa ses colonnes d'attaque. Tarn-et-Garonne, formé en colonne par peloton sur le plateau de Belmont, eut ordre de le descendre et de se diriger sur Osnans en se faisant précéder, à 300 mètres, par une compagnie en tirailleur (la 7ᵐᵉ.) Une batterie de campagne, la seule que possédât la division, placée sur le même plateau et appuyée par le bataillon du Haut-Rhin (60 ou 80 hommes), devait soutenir ce mouvement.

Les tirailleurs du 15ᵉ de chasseurs à pied qui marchaient parallèlement à Tarn-et-Garonne, et se trouvaient à quelques centaines de mètres en avant et à droite, étaient déjà engagés, lorsque le général Bressolles, auquel on vint dire que la division était sur le point d'être tournée par une très-forte colonne Prussienne, venant par Landresse et Vellerot, ordonna une retraite précipitée.

C'est au moment où Tarn-et-Garonne était remplacé dans

---

(3) La division étant arrivée à hauteur d'une ferme qui se trouve au-dessus d'Epenouse. le général d'Ariès l'arrêta, réunit tous les chefs de corps dans un maison qui se trouve sur le bord de la route et protesta devant eux en ces termes, contre l'ordre qu'il venait de recevoir du général commandant le 24ᵉ corps,

« Messieurs, je vous ai réunis afin que vous sachiez que l'ordre, dont je viens
« vous entretenir et que nous allons exécuter, n'est point de moi. Je vous serai
« obligé d'en prévenir également MM. les officiers qui sont sous vos ordres,
« afin qu'il ne puisse rester dans l'esprit d'aucun que j'aie jamais pu non pas con-
« seiller, mais seulement approuver une semblable énormité. Le moindre doute
« restant dans votre esprit. vous pourriez m'accuser d'aveuglement sur le triste
« état des malheureux débris de ma belle division, vous pourriez croire encore
« que je n'ai point fait connaître au général en chef en quelle misère et quelle
« faiblesse se trouvent mes derniers dix-huit cents hommes ? détrompez-vous,
« et détrompez vos officiers pour l'honneur de mon nom et de ma carrière :
« M. le général en chef a eu connaissance des souffrances de tous par ma cor-
« respondance directe avec lui et par mes rapports qui lui ont été transmis par
« le commandant du 24ᵉ corps. Eh bien ! messieurs, nous avons, malgré tout,
« reçu l'ordre ce matin de revenir sur Clairval, en chassant les Prussiens des
« positions qu'ils ont prises et fortifiées depuis notre départ d'Anteuil, et de
« nous y maintenir.

« L'impossibilité d'exécution d'un pareil ordre ne se discute pas ; nous som-
« mes soldats, nous allons obéir ; mais je tenais et vous le comprenez, mes-
« sieurs, à me dégager vis-à-vis de tous de la responsabilité des malheurs qui
« vont suivre.

« Comme il est probable que nous ne nous verrons plus, permettez moi de
« de vous faire mes adieux et de vous serrer la main. »

le mouvement de retraite par échelon par le 15e de chasseurs à pied, que le commandant du premier bataillon , blessé par suite de la chute de son cheval, et dirigé sur l'hôpital de Lyon par ordre du général de division fut forcé de céder le commandement au plus ancien capitaine présent au corps, M. de Bonne.

La division rentra le soir même à Vercel qu'elle ne fit que traverser pour se rendre à Nods où elle arriva à onze heures du soir.

A dater de ce jour, la marche du bataillon s'effectua jusqu'à Lamotte-Servolex, (Savoie) sans arrêt et sans incident qui mérite d'être signalé; si ce n'est le constant courage des enfants de Tarn-et-Garonne qui, ne se soutenant presque plus, marchèrent pendant neuf jours encore, de huit à dix heures par jour, sur des chemins non frayés et recouverts souvent de plus d'un mètre de neige.

27 Janvier. Départ à huit heures du matin, halte à Evenache, arrivée à Aubonne à quatre heures de l'après-midi. *Aubonne*

28 Janvier. Départ à sept heures du matin; arrivée à Pontarlier à midi; le bataillon traversa la ville et continua; arrivée à Oye à cinq heures. *Oye*

29 Janvier. Départ à sept heures du matin. Le bataillon revenant sur ses pas remonta vers Pontarlier, passa sous le fort de Joux et prenant à droite redescendit parallèlement au chemin suivi dans la première partie de la journée, et s'arrêta à Gellin. *Gellin*

30 Janvier. Départ à sept heures du matin ; le bataillon traversa Mouthe et arriva à quatre heures du soir à Chauxneuve. *Chauxneuve*

31 Janvier. Départ à sept heures du matin, halte à la Chapelle-aux-bois, arrivée à six heures du soir à Morez. *Morez*

1er Février. Départ à sept heures du matin. Le bataillon passa sous le fort du Rousses, longea la frontière Suisse pendant presque toute l'étape, et fut logé à six heures du soir à Lavatay, ancienne maison de poste. *Lavatay*

2 Février. Départ à sept heures du matin, passage à la Faucine à dix heures, Gex traversée à trois heures, logement à Gex-la-ville à trois heures et demie. *Gex-la-Ville*

3 et 4 Séjour.

Collonges

5 Février. Départ à sept heures du matin, arrivée à Collonges à trois heures et demie.

Bellegarde

6 Février. Départ à six heures du matin, passage sous le fort de l'Ecluse, arrivée à Bellegarde à dix heures du matin.

Bissy
Lamothe-
Servolex

Le bataillon est immédiatement embarqué pour Chambéry où il reçut l'ordre d'aller se cantonner à deux et cinq kilomètres de la ville, aux villages de Bissy et de Lamothe-Servolex (4).

Le chef du bataillon rentré au corps le 16 février en reprit le commandement.

Les bataillons de la Haute-Garonne, du Haut-Rhin et de Tarn-et-Garonne se trouvant cantonnés aux environs de Chambéry, furent de nouveau réunis en régiment par décision du général Cremer, commandant les débris du 24° corps :

(4) Ces derniers mots doivent être un hommage rendu à la très-honorable et très-excellente famille Goybet, de Chambéry, dont l'un des membres, ancien conseiller de Préfecture à Montauban, a laissé dans le département de Tarn-et-Garonne les regrets les plus sentis et les souvenirs les plus sympathiques. A son arrivée dans la capitale de la Savoie, le bataillon fut reçu par cet ami, qui se consacra, dès le premier jour, au plaisir ou au soulagement de ceux dont il se disait le compatriote, toutes les heures de liberté que lui laissaient ses fonctions de conseiller de préfecture et de sous-intendant militaire.

Mais ses anciens amis n'eurent pas le privilège exclusif de ses attentions. Les mobiles de tout grade, de toute compagnie qui, après cette terrible lutte des dernières heures, avaient besoin, pour espérer d'y survivre, de soins immédiats, intelligents, affectueux, pour remplacer ceux de leur mère absente, le trouvèrent souvent au chevet de leur lit, secondé dans ses fonctions d'infirmier du bataillon par Madame Charles Goybet, sa belle-sœur. Par leurs soins, tous les malades de Tarn-et-Garonne qui, jusqu'alors étaient disséminés dans les différents établissements hospitaliers de la ville, furent réunis dans une ambulance particulière, celle dite de la gare.

Le Commandant du bataillon, voulant remercier Madame Goybet des soins qu'elle donnait à ses hommes, ne la trouvait jamais qu'au milieu « *de ses pauvres Montalbanais* les plus sérieusement malades étaient ses protégés de prédilection, ceux, auxquels ses soins particuliers étaient réservés.

Malheureusement, le mal chez beaucoup était trop profond ; et tout ce qu'il est humainement possible de donner comme intérêt, attentions, veillées, fatigues, ne put sauver ces nouvelles victimes, de la plus cruelle des guerres, au moment où, pour les survivants, allait sonner l'heure du repos et de la liberté.

A Chambéry, les femmes de toutes les classes de la société se sont montrées, comme aux jours antiques, héroïques de dévouement dans les soins qu'elles donnèrent aux malheureux mutilés par la guerre. Le premier bataillon de Tarn-et-Garonne adresse particulièrement ses remerciements à Mesdames Charles Goybet, marquise de Costa Beauregard, et autres, dont le nom lui échappe : mais dont il n'oubliera jamais la sollicitude maternelle, qu'inspirait la charité la plus ardente et qui se traduisait toujours par des soins affectueux délicats et incessants.

Il devint le 83e de marche, le commandement en fut donné au lieutenant colonel Marchal, titulaire d'une petite perception du département de l'Ardèche.

23 Février. Départ du 83e de marche pour Annecy par voix ferrée arrivée à dix heures du matin. *Annecy*

Le lieutenant colonel Marchal, étant appelé par dépêche télégraphique au commandement d'une brigade à Châlons, fut remplacé par ordre de la division en date du 26 février dans le commandement du 83e de marche, par le commandant du bataillon de Tarn-et-Garonne.

Par ordre du même jour, le capitaine de la 7e compagnie, prit de nouveau le commandement de ce bataillon qu'il conserva jusqu'au 13 mars.

28 Février. Le régiment se rendit à Aix-les-Bains pour y tenir garnison. Première étape Numilly. *Rumilly*

29 Février. Arrivée du bataillon à Aix-les-Bains. *Aix-les-Bains*

8 Mars. Le régiment divisé par bataillon alla occuper les trois détachements suivants : Saint-Pierre-d'Albigny, Tarn-et-Garonne où il arrivait le 9 après avoir couché à Chambéry ; Chamoux, Haut-Rhin ; Grésy, Haute-Garonne. *St-Pierre d'Albigny Chamaux Gresy*

Le 13 Mars, rentrée de la 4e compagnie de Tarn-et-Garonne qui était restée bloquée dans Besançon après y avoir conduit les bagages de la 1re division du 24e corps, elle avait été depuis ce temps placée en subsistance dans un bataillon de mobiles du Doubs.

14 Mars Le bataillon de Tarn-et-Garonne quitte Saint-Pierre-d'Albigny pour se rendre à Montmélian. *Montmélian*

Le 16 Mars, ordre de licenciement, revue d'effectif, remise des armes, ordre de départ.

Le 17 Mars, remise des feuilles de route aux détachements.

Cet historique, très-succint, des marches et services rendus par le 1er bataillon de mobiles de Tarn-et-Garonne pendant la campagne de 1870 à 1871, n'a pu contenir de nombreux actes qui, mentionnés, eussent fait ressortir d'une manière plus complète l'excellence de ce corps, comme personnel, organisation, instruction militaire, discipline et valeur morale.

Des éloges lui furent souvent adressés, lorsqu'il se trouvait en station, en route, ou devant l'ennemi, et sont précieusement consignés dans le recueil des ordres donnés au corps (1).

Ce bataillon a fourni, jusqu'à son licenciement, tous les services qui lui furent demandés, avec une abnégation et une énergie qui puisaient leur force dans un dévouement à toute épreuve.

Depuis l'heure de sa mobilisation jusqu'à son licenciement, et surtout pendant les tristes jours de janvier 1871, qui ne comptèrent que souffrances et malheurs, pas une hésitation, pas un acte de faiblesse ne peuvent lui être reprochés.

Aux derniers jours, pendant la fatale retraite de l'armée de l'Est, quand ces braves enfants de Tarn et-Garonne, qui n'étaient plus que l'ombre d'eux-mêmes, suivaient courageusement des étapes encore si écrasantes, ils se gardèrent toujours purs de toute défaillance, de toute honte; ils cotoyèrent longtemps la Suisse, se reposèrent souvent sur les bornes frontières, mais ne les franchirent pas.

Ce repos qu'ils pouvaient si facilement atteindre, qui était déjà, pour beaucoup, une question de vie ou de mort, et que d'autres moins timorés recherchèrent sans scrupule, aurait été pour eux le déshonneur ; ils tombaient sur le chemin, mais toujours en France ; et plusieurs ne se sont pas relevés, qui vivraient encore, s'ils avaient cru ne point faillir en se faisant une cuirasse de l'inviolabilité du sol étranger,

---

(1) Par Messieurs :

Bigot, préfet de l'Indre (Châteauroux), 17 octobre 1870.

Sejerot, maire de Poligny (Jura), 17 octobre 1870.

De l'Estoile, lieutenant-colonel, commandant la brigade de la 3e zone (Besançon), 25 décembre 1870

De Mallet, intendant divisionnaire (Besançon), 22 décembre 1870.

De Bigot, lieutenant-colonel d'état-major (Besançon), 23 décembre 1870.

Rolland, général de division, commandant la 7e division (Besançon), 3 janvier 1871.

Dariès, général de division, commandant la 1re division du 24e corps (armée de l'Est), 14 janvier 1871.

D'Ollone, chef d'état-major de la 1re division du 24e corps (armée de l'Est), 22 janvier 1871.

Marchal, lieutenant-colonel, commandant le 83e de marche (Annecy), 24 février 1871.

Lesage, commandant d'artillerie, inspection des armes (Montmélian), 26 février 1871.

quand la patrie pouvait avoir besoin de tous ses enfants.

Il faut le proclamer bien haut, les officiers, sous-officiers et mobiles du 1ᵉʳ bataillon de Tarn-et-Garonne ont fait consciencieusement leur devoir. Un seul regret les a suivis dans la retraite, c'est que leur valeur et leur patriotisme n'aient pas été mis plus à profit, pour la sainte cause qu'ils servirent avec tant d'abnégation et de courage, et de ne point avoir leurs noms inscrits sur le livre des braves, où ils auraient voulu, tous, une grande page.

Un autre regret affecte plus particulièrement le commandant de ce beau et brave bataillon et il le présente, à titre de respectueuse supplique, à la mémoire et à la justice de son Excellence le Ministre de la guerre. Ce regret, c'est que les mérites et les efforts de tous, n'aient pas été recompensés par une distinction accordée du moins à quelques-uns : Une balle reçue est souvent un heureux hasard qui permet au chef de corps de désigner plus particulièrement un bon soldat ; mais cet heureux hasard ne favorise point tous les braves et beaucoup, qui ont cependant bien mérité, sont écartés et restent méconnus, parcequ'ils ne purent, malgré leurs héroïques efforts, recevoir le glorieux stimagte des combats.

Le Commandant du 1ᵉʳ bataillon de la Garde nationale mobile de Tarn-et-Garonne.

Vicomte DE LAYROLLES.

GARDE NATIONALE MOBILE

DE

TARN-ET-GARONNE

PREMIER BATAILLON

NOMS DE MESSIEURS LES OFFICIERS

État-Major.
- Chef de Bataillon : M. DE LAYROLLES.
- Aide-Major : M. GALTIÉ.
- Officier-Payeur : M. GARRISSON, Paul.

1re Compe.
- Capitaine : M. DE VALADA, Antoine.
- Lieutent. : M. SMYCZYNSKI, Auguste.
- S.-Lieut. : M. RUPIN, Jean.

2e Compe.
- Capitaine : M. DE VESINS, Élie.
- Lieutent. : M. D'ELBREIL, Henri.
- S.-Lieut. : M. CHÉNÉ, Gabriel.

3e Compe.
- Capitaine : M. JORDANET, Julien.
- Lieutent. : M. FAVENC, Edmond.
- S.-Lieut. : M. PRAX, Maurice.

4e Compe.
- Capitaine : M. DE CRUZY, Henri.
- Lieutent. : M. CONSTANS, Emmanuel.
- S.-Lieut. : M. MALAVAL.

5e Compe.
- Capitaine : M. COMBES-LALANDE.
- Lieutent. : M. MIRET, Aubin.
- S.-Lieut. : M. CAZALS, Raymond.

6e Compe.
- Capitaine : M. BESSEY, Paul.
- Lieutent. : M. DE GIRONDE, Léopold.
- S.-Lieut. : M. ROUFFIO, Edmond.

7e Compe.
- Capitaine : M. DE BONNE, Armand.
- Lieutent. : M. DE GRAND BOULOGNE, Antoine.
- S.-Lieut. : M. CAPELLE, Léon

GARDE NATIONALE MOBILE

DE TARN-ET-GARONNE

PREMIER BATAILLON

SITUATION des hommes gradés de ce Bataillon le 25 décembre 1870 et pendant la campagne de l'Est.

Les nommés LAURENT (Léopold), RABOTTE (André), DE FRANCE (Henri), et DAGRAN (Paul) ont successivement rempli les fonctions d'*Adjudant*.

GRADES	1re COMPAGNIE	2e COMPAGNIE	3e COMPAGNIE	4e COMPAGNIE	5e COMPAGNIE	6e COMPAGNIE	7e COMPAGNIE
S.-majors..	Moles, Guillaume.	Galinié, Adrien.	Capelle, Léon.	Cazèles, A.	Bassouls, Jules.	Labatut, Alfred.	Dagran, Paul.
S.-fourriers	Gardes.	Péduran, Léonard.	Armain, David.	Castan, Jules.	Tesseyre, Émile.	Lages, Antoine.	Maure, Léon.
C.-fourriers	Terrieux, Pierre.	Ferrié, Basile.	Bresson, Antoine.	Bergalasse, J.-B.		Dupré, Marcellin.	Raynal, Célestin.
Sergents..	Nédélec, F., 1re cl.	Fournier, L. 1re cl.	Merly, Jean, 1re cl.	Jayles, Al., 1re cl.	Foissac, L., 1re cl.	Saintis, P., 1re cl.	Nédélec, 1re classe
	Rivayrol, J.	Roudouly, Firmin	Féral, David.	Mazeillé, Ernest.	Monziès, Louis.	Féral, Eugène.	Rivayrol, J.
	De France, Henri.	Gaillard, Antoine.	Soulié, Jean.	Rafy, Théodore.	Cambon, Ludovic.	Rabotte, André.	Lasserre, Jean.
	Lasserre, Jean.	Vaissières, J.-L.	Rous, François.	Catusse, Jean-Bap.	Calvet, Ferdinand.	Estampes, Jean.	Charles, Jean, hre.
	Charles, J., honre.	Garrisson, G., hre	Grimal, Marc.	Lautard, Jean, hre		Gayral, Georg., hte	Gras, Pierre. id.
	Gras, Pierre, id.	Agrech, Simon, id.	Daynés, Bapt., hre			Marty, Max., id.	
		Lajouanio, id.	Tivier, Alcide, id.				

Caporaux.

Clamens, J., 1re cl.	Bourgade, H. 1re cl.	Beray, V., 1re cl.	Laflorencie, J. 1re c	Tournié, J., 1re cl.	Gayral, G., 1re cl.	Durban, J., 1re cl
Duclos, Louis, id.	Bosc, V.-Hip., id.	Parre, Eugène, id.	Montardy, Jacques.	Bénazet, Pierre, id.	Marty, Maxim., id.	Bales, Jean, id.
Linon, Pierre.	Rossignol, Firmin.	Dellard, Pierre.	Sern, Marcellin.	Bessières, Louis.	Laplace, Antoine.	Conte, Élie.
Périès, Pierre.	Lagarrigues, Jean.	Bongrat-Gaillard.	Pariel, Jacques.	Bessières, Léon.	Mouron, Léonard.	Savy, Aimé.
Denayrou, Paulin.	Charrié, Louis.	Belluc, Jean.	Lagarde, J.	Alzonne, Jean.	Lespinet, Jean.	Tournié, Jean.
Huc, Jean, honre.	Pris, Cyprien.	Armand, Ferdin.	Tressens, V.	Viatre, Cyprien.	Ichés, François.	Retournat. A., h
Lajeunie, Alex. id.	Pris, Lucien.	Valette, Antoine.	Mourgues, Bapt.	Puel, Jean.	Fauré, Pierre.	Soulié, Hector, id
	Denayrolles, A. hre	Bourthoumieu, L.	Soupa, Alexandre.	Gibert, Joseph.	Gisbert.	
	Lades, Franç., id.	Albignac, J., honre	Bec, Élie, honorre.		Dely, Henri, honre	
		Gairard, Jean, id.	Belon, Jean, id.		Gales, Jean id.	
					Mouron, Jean, id.	

IMPRIMERIE BERTUOT, MONTAUBAN.

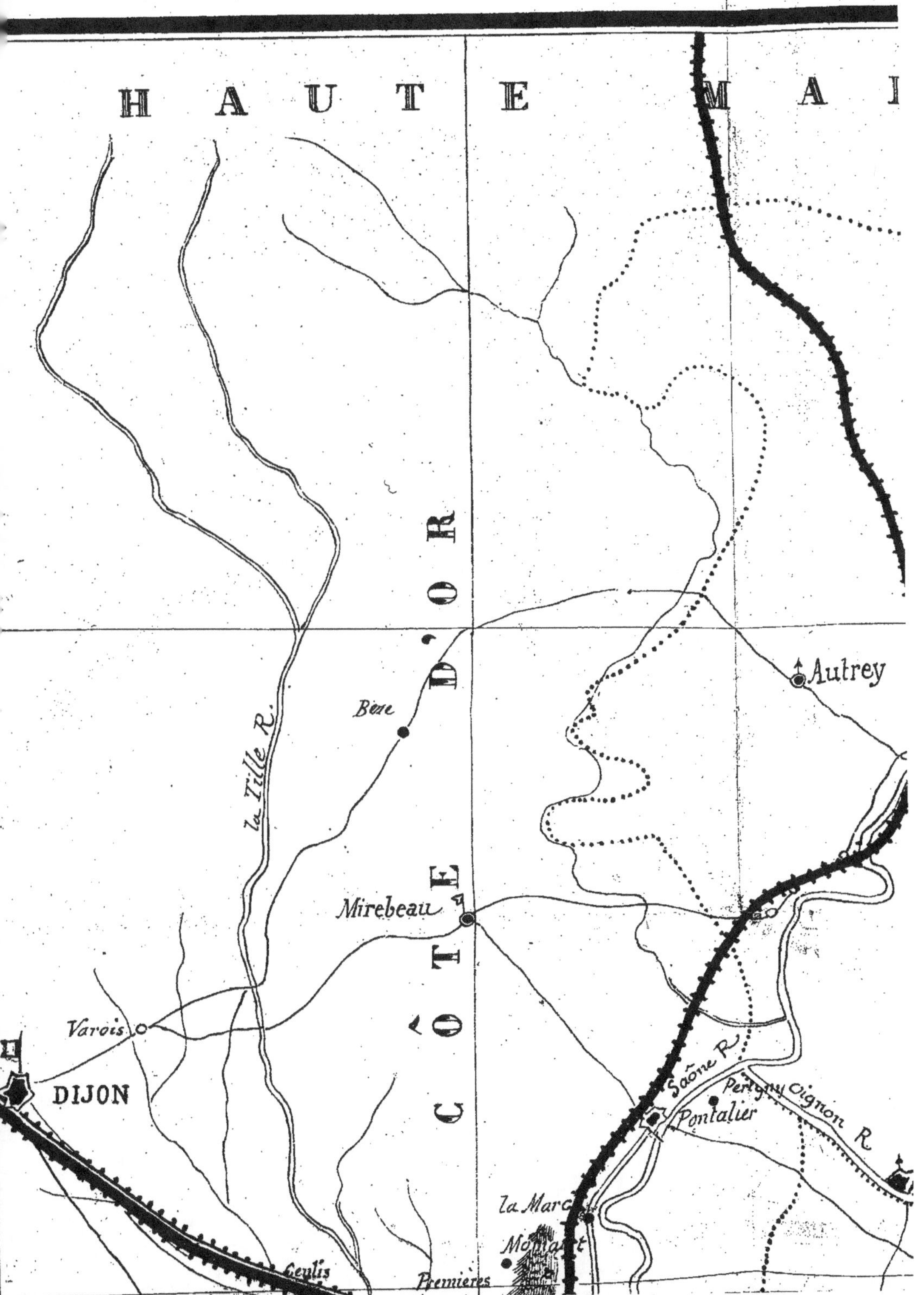

HAUTE   MA I
H A U T E
D'OR
CÔTE
Autrey
Bèze
la Tille R.
Mirebeau
Varois
DIJON
Saône R.
Perigny Oignon R.
Pontalier
la Marc
Mo...t
Premières
Ceulis

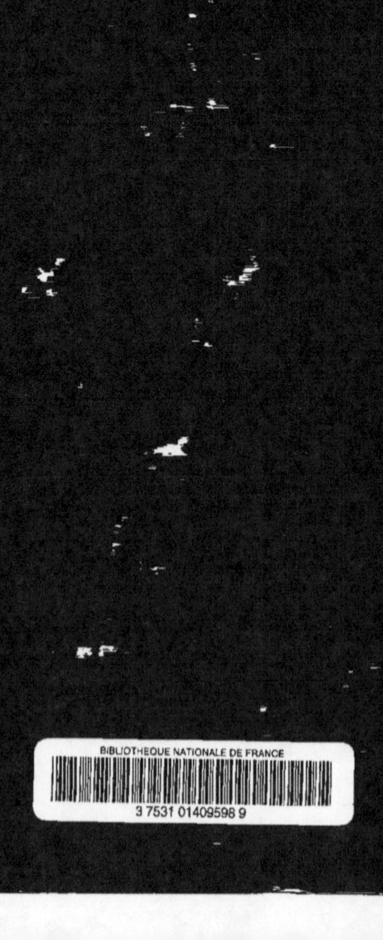

www.ingramcontent.com/pod-product-compliance
Lightning Source LLC
Chambersburg PA
CBHW051233030726

47595CB00003B/882